Handlesen für Einsteiger

Entdecken Sie Ihr wahres ICH:
Das Praxisbuch zur Enthüllung Ihrer Persönlichkeit, verborgener Potentiale und Lebensaufgabe durch Handlinienlesen

Anja Barenfänger

WirmachenDruck.de
Sie sparen, wir drucken!

ISBN: 978-3-969304778

Email: info@edition-lunerion.de
www.edition-lunerion.de

Psiana eCom UG
Berumer Str. 44
26844 Jemgum

INHALT

Nur einen Handgriff entfernt …

Sie fragen sich sicher, wie die Hände Informationen über Ihren Charakter enthalten könnten. „Ist diese Verbindung nicht ein wenig zu weit hergeholt?“ Keineswegs, denn Sie werden überrascht sein, wie exakt die Linien, Zonen und Furchen Aufschluss über Ihr Innerstes geben können.

Genau mit diesem Thema befasst sich die Kunst des Handlesens, die unter anderem mit der Chirologie bezeichnet wird. Bei diesem Vorgehen werden die Hände genaustens inspiziert: nicht nur die Form, die Beschaffenheit der Haut, das Verhältnis der Finger zur Hand und der Hand zum restlichen Körper, der Falten, Linien, Zonen und vieles mehr werden analysiert, sondern es werden auch Rückschlüsse auf den jeweiligen Menschen gezogen. Die Merkmale, die der Handleser identifizieren kann, ergeben tatsächlich ein Spiegelbild des Charakters des Trägers.

Sie können das kaum glauben? Das ist sogar sehr gut, denn dann werden Sie umso überraschter sein, wenn Sie dieses Buch erforschen. Nicht nur wichtige Informationen zum Thema werden Ihnen hier dargeboten, sondern auch ein Guide, der Sie durch Ihre ersten Selbstversuche des Handlesens führt.

Bleiben Sie offen, lassen Sie sich auf die Thematik ein und lassen Sie sich faszinieren!

Lassen Sie uns mit diesem spannenden Thema der Kunst des Handlesens durch eine umfangreiche Einführung starten. Zunächst klären wir einige zentrale Begriffe, die in diesem Zusammenhang immer wieder genannt werden. Um die Entwicklung der Handlesetechnik besser verstehen zu können, gehen wir anschließend ganz zum Anfang zurück und erkunden die erkenntnisreiche Geschichte des Handlesens.

Anschließend tauchen wir vollständig in das Thema ein, indem wir uns ganz genau anschauen, wie auch Sie aus den Händen lesen können, welche Dinge es zu beachten gilt und welche Tipps Ihnen bei Ihrer Selbstanalyse helfen können. Lernen Sie die verschiedenen Grundhandformen kennen, was die vier Elemente mit der Handlesekunst gemein haben und wie sich daraus der Charakter eines Menschen erschließen lässt. Dabei erfahren Sie zudem im Detail, was die Finger über eine Persönlichkeit aussagen und warum es wichtig ist, den Handteller zusätzlich in einzelne Zonen zu unterteilen.
Daraufhin folgt der Blick auf die einzelnen Handlinien, wobei der Fokus auf der sogenannten Lebenslinie liegt. Mit den anschließend vorgestellten Techniken und Methoden erhalten Sie konkrete Anweisungen zur Verbesserung Ihrer Handlesefähigkeiten.

Damit Sie Schritt für Schritt anhand Ihrer eigenen Hände lernen, Aspekte Ihrer Persönlichkeit abzulesen, ist das Buch durchzogen von Selbsttests. Diese fordern Sie zu einer praktischen Umsetzung des hier präsentierten Wissens auf und zeigen Ihnen somit am eigenen Körper, wie exakt die Kunst des Handlesens sein kann.

Zu guter Letzt erwartet Sie ein zusätzlicher Bonusteil, der die zwölf Persönlichkeitstypen nach Carl Gustav Jung mit der Physiognomie der Hand und gleichzeitig der Lebensaufgaben verknüpft. Können Sie herausfinden, welcher Charaktertyp Sie sind?

Einführung in die Kunst des Handlesens

DIE DEFINITION DER ZENTRALEN BEGRIFFLICHKEITEN

Unter die Kunst des Handlesens fallen mehrere Begriffe, die innerhalb dieses Themenbereiches von großer Bedeutung sind: die Chiromantie oder Chiro*mantik*, die Chiro*sophie* sowie die Chiro*logie* oder Chiro*gnomie*. Auch wenn diese Bezeichnungen ähnlich klingen mögen, was viele aufgrund von Unwissenheit dazu veranlasst, die Worte miteinander zu vertauschen oder sie gar als Synonym zu gebrauchen, so unterscheiden sie sich dennoch voneinander. Welche differenzierten kennzeichnenden Faktoren dies sind, sehen wir uns im Folgenden näher an.

Die Chirologie oder die Chirognomie

Der Begriff „Chirologie" entstammt der griechischen Sprache und kann in zwei Wortstämme unterteilt werden. „Chiro" (griechisch: χοίρος für „cheiros") steht für „Hand", während „Logie" (griechisch: λόγος für „lógos") mit „Lehre" oder „logischem oder verstandesgemäßem Erkennen" übersetzt werden kann – bei dieser Methode wird also das Wissen rund um die Hand vermittelt.

Chirologie/-gnomie ≈ Die Lehre des Handlesens

Seltener werden auch die Bezeichnung „Chirognomie" und Chirologie synonym verwendet, wobei der abweichende Wortstamm „Gnomie" (griechisch: γνώμη für „gnómé") auf Deutsch so viel wie „vernünftige Erkenntnis, Wissen" bedeutet. In der Chirologie geht es demzufolge darum, die Physiognomie der Hände zu analysieren und sie anschließend gemäß der Chirologie zugrunde liegenden Gesichtspunkte auszuwerten. Dadurch ist der Handleser in der Lage, detaillierte Angaben zum Charakter des Menschen zu machen, dessen Hand er betrachtet.

ⓘ

Die **Physiognomie** beschreibt das äußere Erscheinungsbild eines Lebewesens, wobei nicht nur die charakteristische Statur betrachtet wird, sondern vor allem die Gesichtszüge, die den Organismus, insbesondere den Menschen, ausmachen. Auch Tiere und sogar Pflanzen besitzen eine Physiognomie.

Der griechische Begriff φυσιογνωμία „physiognomia" steht in etwa für „das Wissen über die Natur des Menschen".

Während sich die Physiognomie allein mit der äußerlichen Gestalt eines lebendigen Wesens befasst, schlägt die sogenannte **Physiognomik** den Bogen zu den Charaktereigenschaften des Menschen, die anhand der wahrgenommenen Merkmale dem Individuum zugeordnet werden können.

Physiognomie/-gnomik ≈ Fähigkeit (Natur),
den Charakter eines Lebewesens
aus dessen Gesichtszügen zu erkennen

So haben nicht nur bekannte Persönlichkeiten wie Aristoteles, Leonardo da Vinci und der Maler Albrecht Dürer bereits in der Vergangenheit Beobachtungen zum Erscheinungsbild in Verbindung mit seelischen und geistigen Eigenschaften sowie gewissen Krankheitsbildern und dem Temperament des Menschen erkannt und schriftlich festgehalten. Noch heute stellt die Physiognomik einen Bestandteil der chinesischen Kultur dar, denn hier wird von einem Zusammenhang zwischen der Persönlichkeit, der Psyche und der Lebensenergie sowie der äußeren Gestalt ausgegangen. Dies veranlasst beispielsweise Menschen aus China dazu, nicht nur Handdiagnosen durchzuführen, sondern auch die Gesichtszüge in Bezug auf die allgemeine Gesundheit, den emotionalen Zustand und den Charakter zum Beispiel bei der Partnerwahl zu analysieren.

Steckbrief:
Johann Caspar Lavater

Johann Caspar Lavater war einer der führenden Vertreter der Physiognomie in der Zeit der Aufklärung. Er lebte von 1741 bis 1801, wobei er in Zürich geboren wurde und dort auch starb. Der Schweizer Philosoph, Theologe und Schriftsteller war der Verfasser vieler Werke, darunter auch über die Physiognomie. Auch wenn seine Ansichten über das äußere Erscheinungsbild des Menschen im Zusammenhang mit seinem Charakter seiner Zeit auf Kritik stießen und sogar seine Freundschaft zu Johann Wolfgang von Goethe beendeten, so fand seine Arbeit dennoch Anerkennung in der breiten Bevölkerung. Selbst Charles Darwin widmetet sich seinen Erkenntnissen und auch in im 19. und 20. Jahrhundert wurden Johann Caspar Lavatars Ideen weiterentwickelt. Auch wenn heutzutage in der modernen Wissenschaft seine Ansichten kaum mehr eine Bedeutung finden, so waren sie dennoch prägend für die Entwicklung der heutigen Physiognomie.

Bei der Chirologie wird sich allein auf die Hände konzentriert, um daraus Ableitungen bezüglich des Charakters feststellen zu können. Dabei wird eine umfangreiche und ganzheitliche Diagnose der Hand vorgenommen, bei der Angaben zu Konstitution, Psyche, Veranlagung, Antrieb, Störungen sowie zur Neigung zu gewissen Krankheiten gemacht werden. Dafür werden die folgenden Merkmale der Hand in Betracht gezogen:

- Durch das **Ertasten** der Hand wird ein erster Eindruck bezüglich des Händedrucks, der Temperatur, der Spannung der Haut und der Beweglichkeit gewonnen.

- Der **Sichtbefund** ermöglicht genaue Angaben zur Form und den Proportionen der Hand sowie der Beschaffenheit und Farbe der Haut. Auch diverse Auffälligkeiten und Abweichungen können so festgestellt werden.

- Die **Finger** werden hinlänglich der Form und Länge betrachtet, wobei die Gelenke und Fingerglieder nicht außer Acht gelassen werden.

- Ebenso werden die **Nägel** auf ihre Form, Farbe, Größe und Konsistenz hin analysiert, wobei die Nagelmonde, mögliche Flecken, Streifen und Rillen Aufschlüsse über wichtige Eigenschaften geben.

- Die sogenannten **Handberge**, die später näher definiert werden, werden lokalisiert, deren Ausprägung und Farbe sowie potentielle Zeichen werden festgestellt.

- Auch die bedeutsamen **Hauptlinien**, die wir uns noch genau anschauen werden, spielen eine große Rolle bei der Chirologie, denn sie werden hinlänglich ihrer Lage, ihres Verlaufs, ihrer Beschaffenheit, der Farbe und möglicher Zeichen analysiert.

- Zudem werden die **Nebenlinien**, die in einem späteren Kapitel angesprochen werden, gemäß ihrer Anzahl und Ausprägung betrachtet.

All die festgestellten Merkmale lassen Vermutungen bezüglich potentieller körperlicher Krankheiten zu, dennoch muss an dieser Stelle angemerkt werden, dass dies lediglich Anzeichen für ein Ungleichgewicht in Körper, Geist und Seele sind. Diese müssen sich nicht zwangsläufig im Physischen manifestieren und zu einer Krankheit führen. Es sind eben nur konstitutionelle Schwachpunkte, auf die mithilfe der Handdiagnose hingewiesen wird. Bei längerem Bestehen der Störungen, wenn deren Ursache also nicht behoben wird, könnte eine Erkrankung auftreten – muss aber nicht. Die Prophylaxe, die durch die Chirologie möglich wird, kann jedoch mögliche Beschwerden so von vorneherein verhindern.

Selbsttest: Anzeichen für eine gute Gesundheit

An den Händen kann nicht nur abgelesen werden, welche potentiellen Krankheiten den Menschen belasten können, sondern sie geben gleichzeitig Anzeichen dafür, ob eine allgemein gute Gesundheit vorliegt. Wenn die Mehrzahl der folgenden genannten Merkmale der Hand zutreffend sind, ist der Betroffene höchstwahrscheinlich in einer guten gesundheitlichen Verfassung. Dementsprechend gilt: Je mehr dieser Erkennungszeichen Sie bei sich feststellen können, desto wahrscheinlicher ist es, dass Sie gesund sind.

✓ Hände, die Anzeichen für ein gutes Wohlergehen liefern, besitzen eine harmonische Form mit leichter Behaarung.

✓ Die Finger sind gerade und wohl geformt.

✓ Die Haut weist eine gleichmäßig gefärbte rosa Farbe auf.

✓ Auch die Nägel sind durchweg rosa ohne Mängel, zudem sollten sie hart, stabil und dennoch elastisch sein.

✓ Die Daumenballen sind gut sichtbar und zeigen keinerlei Unebenheiten auf.

✓ Die Lebenslinie ist gut sichtbar vorhanden und wird im besten Fall durch keine Lücken unterbrochen oder weitere Linien gedoppelt.

✓ Des Weiteren sind mindestens drei Raszetten sichtbar, die zudem eindeutig zu erkennen sind.

Als **Raszetten** werden jene Falten bezeichnet, die an der Innenseite der Handgelenke mehr oder weniger stark zu sehen sind.

Beachten Sie, dass diese Anzeichen für eine gute Gesundheit lediglich den optimalen Zustand angeben. Machen Sie sich also keine Sorgen um Ihr gesundheitliches Befinden, nur weil Ihre Hände keine Kopie des perfekten Stereotyps sind oder wenn die verschiedenen Linien, die im Rahmen des Handlesens interpretiert werden, nicht identisch mit den hier genannten idealen Beispielen sind. Sie können auch gesund sein oder nicht alle der hier genannten Punkte erfüllen. Gleichzeitig können Sie auch krank sein, obwohl viele der Merkmale auf Sie zutreffen – wie Sie sehen können, ist diese Liste lediglich eine Anlehnung an den optimalen Gesundheitszustand, sodass Sie ein erstes Gefühl für die Interpretation von Händen und Handlinien erhalten.

Jeder Mensch ist höchst individuell und somit können sich keine zwei Hände jemals gleichen. Und genau das macht uns auch aus: Die Einzigartigkeit ist ein wahres Geschenk und definiert jeden Einzelnen von uns als einen außergewöhnlichen Ausdruck des Menschseins. Dies spiegelt sich auch in unseren Händen wider, die niemals mit irgendwelchen Abbildungen und Beschreibungen verglichen werden können. Nutzen Sie die hier gegebenen Erläuterungen und Illustrationen also eher als eine Art Hilfestellung, an die Sie sich anlehnen können, um sich ein besseres Bild von der Kunst des Handlesens machen zu können und Ihre Hände besser in dieser Hinsicht einordnen zu können. Vergleichen Sie Ihre Gliedmaßen mit einer bestimmten Handform oder dem optimalen Linienbild aus einem Buch, löst es bei Ihnen möglicherweise nur unnötige Frustration aus, denn diese Bewertung erschwert es Ihnen, Ihre eigene Individualität anzuerkennen. Erfreuen Sie sich also stattdessen an Ihren einzigartigen Händen und den Botschaften, die sie Ihnen vermitteln mögen, sobald Sie in der Lage sind, die vor Ihnen liegenden Informationen gemäß dem Handlesen zu interpretieren. Mit diesem Buch wird Ihnen dies gelingen.

Die Chiromantie oder die Chiromantik

Die Etymologie des Begriffes „Chiromantie“ liegt im griechischen „Chiro“ (griechisch: χοίρος für „cheiros“), was die Bezeichnung für „Hand“ ist, und „Mantie“ (griechisch: μαντεία für „manteía“), das wiederum mit „Zeichendeutung“ oder auch „inspirativem Erkennen“ übersetzt werden kann. Die Wortherkunft lässt bereits vermuten, worum es bei dieser Begriffsbezeichnung geht: die Handdiagnostik als Kunstform.

Chiromantie/-mantik ≈ Die Zeichendeutung des Handlesens

Während die Chirologie das Handlesen aus der wissenschaftlichen Sicht heraus betrachtet, richtet das Fachgebiet der Chiromantie, die seltener auch als Chiromantik bezeichnet wird, den Fokus auf die Interpretation der vorliegenden Hände. Vor allem die Form der Hand sowie die verschiedenen Handlinien werden hinlänglich des jeweiligen Besitzers und seines Lebens gedeutet – die Betonung liegt hier auf dem Wort „Deutung“, denn im Rahmen der Zeichendeutung wird hier von einer inspirativen und auch intuitiven Kunst des Handlesens gesprochen. Die diversen Handfurchen, auf die wir im Verlauf dieses Buches noch näher eingehen werden, geben dem Handleser Aufschluss über die zukünftigen Geschehnisse, die voraussichtlich im Leben des Betroffenen eintreten werden. Diese erlauben ihm somit, neben Charaktereigenschaften und Potentialen gewisse Vorhersagen zum Schicksal des Menschen zu formulieren. Einige Quellen sind der Meinung, dass diese Kunst nicht erlernt werden, sondern lediglich von begabten Personen ausgeübt werden kann. Angeblich muss ein gewisser Grad an Intuition und Inspiration von Geburt an mitgegeben sein, damit ein Mensch in der Lage ist, die Linien auf der Hand auch korrekt interpretieren zu können.

Wichtig ist, anzumerken, dass es bei der Chiromantie einen Unterschied zur umwobenen Wahrsagerei gibt. Letztere besitzt heutzutage einen eher kontroversen und zweifelhaften Ruf und scheut meist nicht davor, Spekulationen und Weissagungen über ein angeblich festgelegtes Schicksal eines Menschen zu machen, wovon sich seriöse Handlese-Überlieferungen allerdings ausdrücklich zu distanzieren versuchen.

Die Chirosophie

Auch die „Chirosophie" beschäftigt sich mit den Händen, wie der Begriff an sich vermuten lässt: Während der erste Teil wiederum mit „Hand" übersetzt werden kann, steht der zweite Wortstamm „Sophia" (griechisch: σοφία für „sophía") für „Weisheit" und „tiefere, innere Erkenntnis".

Chirosophie ≈ Die Erkenntnis des Handlesens

Die Chirosophie verfolgt einen ganzheitlichen Ansatz der Handlesekunst, indem sie sich unter anderem mit philosophischen Fragestellungen auseinandersetzt. Sie vertritt die Annahme, dass ausnahmslos jedes Wesen, also auch der Mensch, im Kosmos mit allem verbunden ist – das heißt im Umkehrschluss, dass er niemals vom Universum isoliert ist. Jede Person stellt einen Bestandteil des Gesamten dar, man könnte es mit einem Bindeglied in einem kosmischen Netzwerk vergleichen. Die kleinste Einheit spiegelt das vollumfängliche Ganze wider – das bedeutet, dass in jedem einzelnen Menschen der gesamte Kosmos mit all seinen Natur- und Lebensgesetzen steckt. Dementsprechend geben auch die Hände diese universelle und göttliche Verbundenheit wieder, was sich Handanalytiker zunutze machen.

Augenscheinlich stellen die Hände lediglich einen Teil unseres menschlichen Körpers dar, doch gemäß der Chirosophie sind sie viel mehr als das: die Betrachtung der Linien und Formen geben einen Anhaltspunkt für den jeweiligen Betroffenen, um als die unsterbliche, zeitlose Seele, die er ist, seinen eigenen Lebensweg zu finden. Dabei kann er nicht nur seinen eigenen Charakter verfeinern und vollenden, sondern auch seine Sichtweise auf die Welt verfestigen sowie zur inneren Weisheit und Erkenntnis gelangen.

Auf einen Blick: Chiro...

Wenn Sie sich mit dem Thema der Handlesekunst beschäftigen, werden Sie in diversen Lektüren immer wieder auf diese drei Begriffe, Chirologie, Chiromantie und Chirosophie, stoßen. Aufgrund ihrer Ähnlichkeit werden sie gern verwechselt, weswegen diese Zusammenfassung alle wichtigen Unterscheidungen auf einen Blick darlegt.

Die **Chirologie** (oder auch: **Chirognomie**) beleuchtet die wissenschaftlichen Aspekte des Handlesens. Das rationelle Fachwissen, das sich aus der Betrachtung der Hände ergibt, liefert eine klare Grundlage mit einem therapeutischen Wert, der eine Diagnose auf psychologischer wie auch medizinischer Ebene erlaubt. Die Chirologie bedient sich also den Fakten und kann somit als die empirische Wissenschaft der Handlesekunst bezeichnet werden – sie hat demnach nichts mit pseudowissenschaftlicher Esoterik oder Wahrsagerei gemein.

Die **Chiromantie** (oder auch: **Chiromantik**) betrachtet den künstlerischen Gesichtspunkt des Handlesens mit seinen inspirativen und intuitiven Aspekten. Dabei werden die im Rahmen der Chirologie angestellten faktischen Beobachtungen der Hände gedeutet, sodass ein umfassendes Bild bezüglich des Charakters, der Möglichkeiten und potentielle Zukunftsszenarien zum Leben des jeweiligen Menschen entsteht. Dabei bedient sich der Handleser seiner Intuition und vertraut auf Informationen von höheren Quellen wie der Inspiration, um die Chiromantie auszuüben.

Die **Chirosophie** nimmt das Handlesen aus der Sicht der Philosophie wahr und fokussiert sich auf die Weisheitslehre dahinter. Dieser Begriff umfasst die ganzheitliche Weltanschauung, die den einzelnen Menschen als einen Teil des gesamten kosmischen Netzwerkes betrachtet. Nichts ist separiert voneinander und so fügt sich auch die Handlesekunst in das Leben der Menschen zur Unterstützung der Charakterbildung, der Förderung tiefsinniger innerer Erkenntnisse und der Findung des persönlichen Lebensweges ein.

EINE ALTE TRADITION: DER GESCHICHTE DES HANDLESENS AUF DER SPUR

Die Handlesekunst in der Antike
– Die ganze Welt liest aus den Händen –

Das Handlesen existiert vermutlich schon so lange, wie es die zivilisierte Menschheit an sich gibt. Diverse Texte und Aufzeichnungen längst vergangener Zeiten deuten darauf hin, dass diese Techniken bereits in den **Hochkulturen des Orients**, also bei den Babyloniern, Sumerern, Chaldäern und den alten Ägyptern, ein Bestandteil des alltäglichen Lebens waren.

Und wenn wir noch weiter in den Osten gehen, ließen die uralten, heiligen Schriften **Indiens**, die Veden, erkennen, dass auch hier gemeinsam mit der Astrologie Interpretationen der Planeten, der Erde, aber auch der Menschen, ihren Schicksalen und eben der Hände durchgeführt wurden. Interessant ist zudem, dass bereits damals an zahlreichen Stellen in den Texten davor gewarnt wurde, diese Weisheiten in Form von unseriöser und unverantwortlicher Wahrsagerei missbräuchlich zu verwenden.

Zudem ist die Kunst des Handlesens in **China** bereits seit der Antike verbreitet. Sie stellte sogar eine Grundlage innerhalb des Medizinstudiums im Rahmen der Physiognomie dar, wobei nicht nur umfangreiche Diagnosen für Heilzwecke erstellt, sondern auch Zukunftsdeutungen über mögliche künftige Umstände im Leben des Patienten dargelegt wurden.

Doch auch im damaligen **Europa** fand man Spuren der Handlesekunst. Im alten Griechenland beispielsweise sorgte der Kontakt nach Indien, Arabien und Persien für einen regen Wissensaustausch mit den griechischen Philosophen der Zeit, darunter Hippokrates, Aristoteles, Platon, Homer und Anaxagoras, die höchstwahrscheinlich wiederum jene Praktiken übernahmen.

Selbst die **Bibel** formuliert im Alten Testament Aussagen, die darauf hindeuten, dass in biblischen Zeiten die Hände als Interpretationsgegenstände für Zukunftsvorhersagen gebraucht wurden. Im 37. Kapitel des Buches Hiob lautet es im Vers 7 folgendermaßen: „[Gott] versiegelt die Hand aller Menschen, so dass alle Welt sein Tun erkennt“ (Hiob, 37:7). Inwiefern die Worte gedeutet werden, ist jedoch abhängig von der Auslegung der vorliegenden Bibelstelle.

Weniger zweifelhaft ist die Historie der Handlesekunst innerhalb der Mystik der **Merkaba** der alten Jüdisch-Stämmigen, die die Basis der heutigen Tradition um die **Kabbala** ist.

In den ersten Jahrhunderten nach Christus geriet die Handdiagnostik zunehmend in Vergessenheit, da sie durch die damalige Verfolgung, die durch die Inquisition der Kirche hervorging, als „heidnisch" und „ketzerisch" galt. Doch der Kern dieser Weisheitslehre konnte nicht erstickt werden, weshalb das Wissen weiterhin im Verborgenen weitergegeben und am Leben erhalten wurde.

Die Interpretation der Hände gemäß chirologischer, chiromantischer und chirosophischer Gesichtspunkte stellte in der Antike eine bedeutende Rolle dar, wenn auch je nach vorherrschender Kultur und Religion als Geheimwissenschaft, esoterische Lehre, Wahrsagekunst, Diagnosemethode oder zur Erweiterung des Verständnisses für die Anlagen und den Charakter des jeweiligen Menschen. Bereits zu dieser frühen Zeit war jeglichen Kulturen bewusst, dass die Hände neben dem Gesicht besonders einzigartig strukturiert sind. Sie erkannten, dass aufgrund der einzigartigen Merkmale, die von Mensch zu Mensch variierten, deren Persönlichkeit widergespiegelt wurde.

Die Handlesekunst im Mittelalter – Das Überleben des alten Wissens trotz Unterdrückung –

Im frühen Mittelalter um 1300 nach Christus stellte die Handlesekunst eine ernstzunehmende Wissenschaft dar. Einige gut erhaltenen Manuskripte aus dieser Zeit belegen, dass die umfangreichen Annahmen über die Thematik sowie konkrete Illustrationen von Händen mit darauf vermerkten Linien sogar an öffentlichen Universitäten gelehrt wurden. Das Gleiche galt übrigens auch für die Physiognomie, die Astrologie, Geomantie und Alchemie: Auch diese Lehren waren bedeutende Bestandteile der ganzheitlichen Heilkunst. Hier taucht unter anderem der Name des italienischen Medizinprofessors, Arzt und Philosophen Peter von Abano auf, der von etwa 1257 bis 1315 nach Christus lebte.

Steckbrief:
Peter von Abano
Peter von Abano war ein aus der Stadt Abano, Italien, stammender Gelehrter des Mittelalters, der Philosophie und Medizin studierte, ausführte und selbst lehrte. Er war damit so erfolgreich, dass er zu großem Reichtum kam. Doch mit seinem zunehmenden Interesse an der Alchemie und der Astrologie begab er sich in den Augen der Kirche auf ein unorthodoxes Wissensgebiet. Peter von Abano versuchte mit seinen Lehren, Geschehnisse und sogenannte Wunder, die in der Bibel dargestellt wurden, mithilfe natürlicher Vorgänge und Gesetze zu erklären. Dabei brachte er nicht nur die vorherrschende Weltanschauung des damaligen europäischen Raums ein, sondern eben auch die der abendländischen Philosophen und Gelehrten. Dank seines Wissens und seiner Fähigkeit, diese Zusammenhänge zu erkennen, konnte er viele Werke verfassen und mit seiner Heilkunst etlichen Menschen helfen. Doch diese Ansichten verwiesen ihn vor ein Inquisitionstribunal, das ihn zwar wieder freigesprochen hatte, nach welchem er jedoch kurz darauf verstarb. Ein zweiter Prozess erklärte ihn schlussendlich für schuldig und aus der Sicht der Kirche auch nach seinem Tod für verurteilt.

Die Handlesekunst in der Neuzeit – Die uralte Kunst lebt wieder auf –

Nachdem der Einfluss der Kirche allmählich gesunken war, entwickelte sich auch wieder ein großes Interesse für die Handdiagnostik. Philosophen, Ärzte, Theologen, Humanisten, Reformatoren und weitere Persönlichkeiten der Zeit beschäftigten sich mit dem antiken Wissen und begaben sich tief in die Materie, die sie teilweise sogar wieder an Universitäten verbreiteten. Auch wenn ab dem 17. Jahrhundert der Zusammenhang zwischen der Handphysiognomie mit dem Charakter eines Menschen und seinem Schicksal zunehmend in den Hintergrund gerückt wurde, so bediente man sich dennoch in medizinischen Kreisen der Handanalyse unter der wissenschaftlichen Bezeichnung „medizinische Chiromantie" zur Identifikation von gesundheitlichen Beschwerden.

Besonders mit der Zeit der Aufklärung in Europa ab Mitte des 18. Jahrhunderts, bei der die Wissenschaft das Maß aller Dinge darstellte, wurde die Kunst des Handlesens aus akademischen und medizinischen Kreisen verdrängt und mit einem eher schlechten Ruf versehen. Nicht selten wurde sie unter „Wahrsagerei",

„Gotteslästerung“, „unseriöser Unfug“ oder „unwissenschaftlicher Aberglaube“ abgestempelt.

Einige Vertreter der Handdiagnose erhielten diese Kunst auch im 19. Jahrhundert noch am Leben. Einige Werke wie das des Franzosen Adrien Adolphe Desbarolles aus dem Jahr 1859, „Chiromancie nouvelle. Les Mystères de la main révélés et expliqués“ („Die neue Chiromantie. Die Geheimnisse der Hand offenbart und erklärt“), wurden in dieser Epoche veröffentlicht, wobei nicht nur auf die Handsymbolik eingegangen wurde, sondern auch auf die Handlesetechnik im Zusammenhang mit der Astrologie, der Graphologie und Weiteres.

Steckbrief:
Adrien Adolphe Desbarolles
Der Gelehrte Adrien Adolphe Desbarolles wurde in Frankreich im Jahr 1801 geboren. Er wird als der Vater der modernen Chiromantie bezeichnet, denn sein Wissensgebiet umfasste die Handlesekunst inklusive chirologischer sowie chiromantischer Betrachtungen, die die Hand als ein Spiegelbild des gesamten Universums versteht. Er studierte vor allem die Symbolik hinter seinen Entdeckungen und veröffentlichte diese in seinen Werken. Adrien Adolphe Desbarolles starb im Jahr 1886 in Frankreich.

Einen richtigen Aufschwung durchlebte die Handdiagnostik im europäischen Raum zwischen dem 19. und 20. Jahrhundert. Das resultierte aus den Einflüssen der fernöstlichen okkulten sowie esoterischen Traditionen, die durch den Hinduismus und dem Buddhismus nach Europa überschwappten. Die fernöstlichen Gelehrten verbreiteten ihr Wissen während diverser Vorlesungen und trafen dabei auf reges Interesse. Dies wiederum öffnete die Türen für weitere Ideen und Ansichten aus fernen Ländern. So bemerkte man auch ein starkes Interesse des Schweizers Carl Gustav Jung, der dank seiner zahlreichen Schriften zu den Themen Psychologie und Psychoanalyse den meisten Menschen auch heute noch ein Begriff ist.

Steckbrief:
Carl Gustav Jung
Der allseits bekannte Carl Gustav Jung wurde im Jahr 1875 in der Schweiz geboren und prägt auch heute noch mit seinen wissenschaftlichen Ansichten das Wissensgebiet rund um die Psychologie. Der Schweizer studierte und lehrte Medizin mit einem besonders starken Interesse an der Psychiatrie. In enger Zusammenarbeit mit dem Psychoanalytiker Sigmund Freud entwickelte er sich und seine Theorien zunehmend weiter. In seinen Werken behandelte er Themen wie das Unbewusste, die klassischen Archetypen, das Libido-Verhalten der Menschen und vieles mehr, doch auch Themen wie Seele, Psychologie im Zusammenhang mit der Religion, Mythologie sowie Alchemie beschäftigten Carl Gustav Jung. All diese spirituellen, okkulten, gnostischen, religiösen und geheimnisvollen Schriften, die er intensiv studierte, versuchte der Psychologe, auf einer wissenschaftlichen Basis zu erklären. Seine Erkenntnisse waren so fundamental, dass er auch in der heutigen Zeit Begriffe und die Lehren der Psychologie prägt. Carl Gustav Jung starb als Ehrenbürger der Stadt Basel im Jahr 1961.

Nach und nach bewiesen unzählige Analysen und empirische Studien die Wirksamkeit der Chirologie und befreiten diese im Laufe des 20. Jahrhunderts von ihrem unseriösen Ruf, sodass die Kunst des Handlesens immer mehr anerkannt wird. Die heutigen Experten bemühen sich darum, das alte verborgene und teilweise vergessene Wissen rund um die Chirologie, Chiromantie und Chirosophie wieder auszugraben und sogar weiterzuentwickeln.

POTENTIALE DES HANDLESENS

Die Handlesekunst kann für Sie einige Fragen und Unsicherheiten klären bezüglich

- Ihrer Persönlichkeit,
- Ihrer Art, zu denken, und
- Ihres Verhaltens.

Sie erhalten mithilfe der Handanalyse nicht nur Antworten, die Ihnen dabei helfen, sich selbst besser zu verstehen und gewisse Eigenschaften zu erkennen, sondern vielmehr Informationen, die Ihr Dasein nachhaltig bereichern werden.

Was würde sich in Ihrem Leben verändern, wenn Sie ...
- ... Ihre Schwächen erkennen würden und damit die Chance erhalten, diese anzunehmen und sogar in etwas Positives zu transformieren?

- ... Ihre Fähigkeiten und Möglichkeiten verstehen lernen, wodurch Sie in der Lage sein werden, diese so optimal nutzen zu können, dass Sie Ihr volles Potential in allen Aspekten Ihres Lebens ausleben könnten?

- ... mehr über Ihre Art, andere Menschen zu führen, Ihren Beziehungstyp und Ihre Art und Weise, wie Sie Entscheidungen treffen, erfahren würden?

- ... endlich unterschwellige Motivationen, unbewusste Störungen sowie Erfolgsblockaden aufdecken könnten, die Ihnen jahrelang im Weg standen und Sie von Ihrem wahren Glück fernhielten?

All diese Informationen werden sich Ihnen aufzeigen, wenn Sie das Wissen, das in Ihren Händen verborgen ist, freilegen. Nutzen Sie das Potential der Handlesekunst, um damit Ihr Leben zu bereichern.

Potenziale im Detail

Handform

Allgemein betrachtet sagt die **Handform** etwas über das grundlegende Temperament des Menschen aus. Auch die Beschaffenheit der Haut an den Händen spiegelt die allgemeine Gesundheit des Menschen wider, während die Fingernägel meist Hinweise auf potentielle Kreislauferkrankungen, Blutarmut oder Probleme der endokrinen Drüsen geben.

Handlinien-Furchen

Die **Handlinien** wiederum stehen in einem engen Zusammenhang mit dem emotionalen Zustand des jeweiligen Menschen sowie den Organen des Körpers, besonders die sogenannte Lebenslinie listet das gesamte Spektrum der inneren Körperteile in Form einer Organuhr auf. Die Handlinien können sich das ganze Leben lang verändern und spiegeln dadurch lediglich den jetzigen Moment bezüglich des Charakters wider. Ändern Sie bestimmte Aspekte, erlangen Sie neue Erkenntnisse, und arbeiten Sie vermehrt an sich, so werden sich auch die Vorhersagen, die auf Ihr Leben gemacht werden können, durch die Handfurchen ändern. Dies unterstützt die Annahme, dass es kein determiniertes Schicksal gibt, dem der Mensch vollständig unterlegen ist, weil er es nicht ändern oder beeinflussen kann.

Einige Furchen auf den Händen geben Aufschluss darüber, wie Sie mit Ihrer inneren Welt umgehen, hier stehen also Ihre persönlichen Gefühle und Emotionen im Vordergrund. Wie leidenschaftlich und wie spontan sind Sie? Sind Sie eher ein Einzelgänger oder doch teamfähig? Unterstützen Sie gern andere bei Ihren Projekten und Vorhaben? Andere Handlinien befassen sich vielmehr mit Ihrer Art, zu denken. Sind Sie ein rationaler Mensch oder vertrauen Sie auf Ihre Intuition? Liegen Ihre Stärken im analytischen Denken oder dominieren Ihre Gefühle während des Denkprozesses? In welcher Art und Weise treffen Sie Entscheidungen? Dann gibt es jene Falten auf Ihren Händen, die wiederum die Themen Karriere, Beruf und Projekte anschneiden. Neigen Sie dazu, Vorhaben vorschnell abzubrechen, oder ziehen Sie die Dinge durch, die Sie einmal angefangen haben? Macht sich bei Ihnen schnell Langeweile breit, sobald Sie sich im Alltag befinden? Wird Ihre Arbeit von Emotionen oder Beziehungen beeinflusst? Auch Familie und Lebensenergie werden bei der Kunst des Handlesens betrachtet. Welche Rolle nimmt die Familie in Ihrem Leben ein? Wie gehen Sie mit Wandel um und heißen Sie Veränderungen willkommen? Wie viel Vitalität bemerken Sie in Ihrem Leben?

Finger / Fingerabdrücke

Die **Finger** hingegen geben besonders Aufschluss über den Charakter und die inneren Organe, sodass beispielsweise gekrümmte Finger auf chronische Krankheiten hinweisen können.

Die **Fingerabdrücke** bilden sich bereits noch im Bauch der Mutter aus, sodass diese mit der 16. Schwangerschaftswoche bestehen bleiben. Anders als die Handlinien verändern sie sich im Laufe des Lebens nicht mehr und geben demnach Informationen wieder, die feste Lebensabsichten, Herausforderungen und die Berufung betreffen. All diese Angaben betreffen das gesamte Leben des jeweiligen Menschen und beziehen sich demnach nicht nur auf einen Abschnitt des Daseins.

Handberge

Das Handlesen ermöglicht es, Rückschlüsse auf die psychische wie auch die physische Konstitution des Menschen zu ziehen – so können beispielsweise mithilfe der Form und der Berge der Hand Vermutungen bezüglich der seelischen Verfassung angestellt werden.

Des Weiteren erhalten Sie Aussagen über Ihren Umgang mit Ihrer Selbstverwirklichung und Selbstständigkeit sowie mit wiederkehrenden Herausforderungen, darunter Misserfolge, Zurückweisungen oder Überforderung. Zudem beziehen sich gewisse Merkmale auf Ihre sogenannte Bestimmung, wozu zählt, welche Talente in Ihnen schlummern, zu welchen Dingen Sie fähig sind und was Sie konkret als lebendiges, einzigartiges Wesen ausmacht.

GRUNDANNAHMEN VON MENSCHLICHEN EIGENSCHAFTEN UND CHARAKTER

Definition Charakter:
Der Charakter eines Menschen beschreibt die Art seines Wesens. Er gibt die Persönlichkeit mit all ihren Eigenarten, Merkmalen, Attributen und Besonderheiten wieder. Er dient der Unterscheidung von Persönlichkeiten aufgrund bestimmter Aspekte. Da jedes Individuum höchst einzigartig ist, besitzen auch keine zwei Personen auf dieser Welt denselben Charakter. Höchstens in Gruppen, die den jeweiligen Typen grob beschreiben, können die Persönlichkeiten eingeteilt werden. Diese Typen können jedoch so gut wie nie in ihrer Reinform festgestellt werden.

Das Wort „Charakter“ stammt aus dem Griechischen (griechisch χαρακτήρ für „charaktḗr“) und kann mit „Kennzeichen“, „Prägung“, „körperliche und sprachliche Eigenart“ und „Merkmal“ übersetzt werden.

Ein Charakter kann verschiedene Ausprägungen und Formen besitzen, die so individuell sind, wie es der Mensch an sich auch ist. Er kann also zum Beispiel besonders stark, edel, fest oder auch schwach, streitsüchtig oder friedliebend sein. Jedoch kann sich jede Persönlichkeit nicht nur an die gegebenen Umstände anpassen, sondern sich auch je nach Umgebung, Lebensereignissen, Wertevorstellungen und individueller Veranlagungen im Laufe des Lebens verändern und entwickeln.

Das größte Problem auf dem Weg zu persönlichem Erfolg – ob dieser nun im privaten, familiären oder beruflichen Sinne angestrebt wird –ist, dass die meisten Menschen nicht wissen, welche Fähigkeiten in Ihnen stecken und sie sich nicht im Klaren darüber sind, wie sie am besten ihre Stärken und Schwächen für sich nutzen können. Vielen ist nicht bewusst, welche Perspektiven und Chancen in ihrem individuellen Charakter stecken und dass dieser ganz konkret zur Erreichung von persönlichen Zielen und Wünschen förderlich ist. Stellen Sie sich vor, dass Sie wertungsfrei all Ihre Veranlagungen, Neigungen und Potentiale kennen würden, die Sie als Mensch ausmachen. Was würden Sie tun, wenn Sie ...

- ... Ihre Augen weder vor den negativen noch vor den positiven Aspekten des eigenen Charakters verschließen?

- ... Ihr Leben so gestalten, dass Sie Ihre Stärken optimal ausleben können?

- ... Dinge und Situationen meiden, die eine Schwäche für Sie darstellen, während Sie gleichzeitig an diesen negativen Facetten Ihrer Persönlichkeit arbeiten?

- ... Ihre Veranlagungen, Begabungen und Fähigkeiten so einsetzen, dass Sie sich Ihre Träume aufbauen und kurzfristige wie auch langfristige Pläne umsetzen?

- ... mithilfe der Selbstwahrnehmung Kenntnis über den eigenen Charakter entwickeln, selbstbewusster und selbstbestimmter leben sowie den eigenen Selbstwert realistisch anerkennen könnten?

- ... erkennen, wann eine Entscheidung getroffen werden muss, wann ein Lebensumstand dem eigenen Streben nicht mehr dienlich ist oder eine Veränderung initiiert werden sollte?

Die Handdiagnostik gibt Aufschluss über das, was bereits in Ihnen verankert ist. Derzeit hindert Sie lediglich die Unwissenheit über Ihre Veranlagungen daran, ein Leben mit Selbstbewusstsein und erkanntem Selbstwert zu führen. Ihre Hände liefern Ihnen hingegen jene Erkenntnisse, die aufschlussreiche Informationen über Ihre Gefühle, Gedanken und Handlungen geben. Sie erlangen Klarheit und einen Perspektivwechsel auf Ihr Selbst. Durch die Handdiagnostik beginnen Sie, Zusammenhänge besser zu verstehen, wodurch Sie eine neue Sicht auf Ihr Leben einnehmen. Hindernisse, die scheinbar immer wieder auftreten, sowie andere herausfordernde Situationen offenbaren Ihnen tiefere Einsichten und Erkenntnisse, die Ihnen die Geschenke dahinter zeigen. Es gilt, diese Chancen zur persönlichen Entwicklung nicht nur zu erkennen, sondern vor allem auch zu nutzen. Dank der Kunst des Handlesens ist es Ihnen möglich, zu begreifen, welche Bedeutungen Ihr Denken und Fühlen auf Ihre Lebensumstände haben und dass Sie diese ganz bewusst beeinflussen können. Mögliche Fragen, die Sie sich stellen können und auf welche Sie durch das Handlesen Antworten erhalten, sind beispielsweise:

- Was sind diese Herausforderungen, welchen ich mich stellen muss?
- Muss ich mit einem Lebenswandel rechnen?
- Welche Besonderheiten machen meinen Charakter aus?
- Was sind meine einzigartigen Begabungen, die kein anderer Mensch auf der Welt besitzt, und wie kann ich diese nutzen?
- Was verraten meine Hände über mein Liebesleben?
- Welche familiäre Situation wird sich voraussichtlich für mich in der Zukunft manifestieren? Gehören dazu auch eigene Kinder?
- Welcher berufliche Weg ist der richtige für mich?
- Wie gestalten sich meine Finanzen in kurzfristiger wie auch langfristiger Hinsicht?
- Was verrät mir die Handlesekunst bezüglich meines allgemeinen Glücks?

Ihre Hände geben so viel mehr preis, als der erste Anschein vermuten lässt. Nicht nur die grundsätzlichen Eigenschaften und der Charakter eines Menschen offenbaren sich für den Handleser, sondern auch die persönlichen Wünsche und Bedürfnisse – im Hinblick auf die Vergangenheit, die Gegenwart und auch die Zukunft.

Durch das Handlesen ist es möglich, dass Sie für sich ergründen, was Sie konkret – basierend auf Ihre derzeitigen Eigenschaften – brauchen, um Ihre Potentiale weiterzuentwickeln und zu verwirklichen. Der strebende Gedanke sollte hier Ihre persönliche Potentialentfaltung sein: Werden Sie zu der besten Version Ihrer selbst!

Auf die Hände geschaut: von Linien, Winkeln & Co.

DIE GRUNDLAGEN DER HANDLESEKUNST

Grundsätzlich kann bei der Handlesekunst aus beiden Händen, also aus der linken wie auch aus der rechten, gelesen werden – es gibt hier keine bessere oder schlechtere. Allerdings symbolisieren die Seiten unterschiedliche Aspekte und können deshalb nicht direkt miteinander verglichen werden. Während der Analyse fokussiert sich der Handleser vermehrt auf die rechte Hand und bezieht lediglich besonders bedeutsame Merkmale der linken Hand in die Diagnose mit ein. Dennoch sollten stets beide Hände in Verbindung zueinander berücksichtigt werden, um ein besonders umfangreiches und ganzheitliches Bild von der jeweiligen Person entstehen lassen zu können. Warum das so ist, lernen wir im Folgenden kennen.

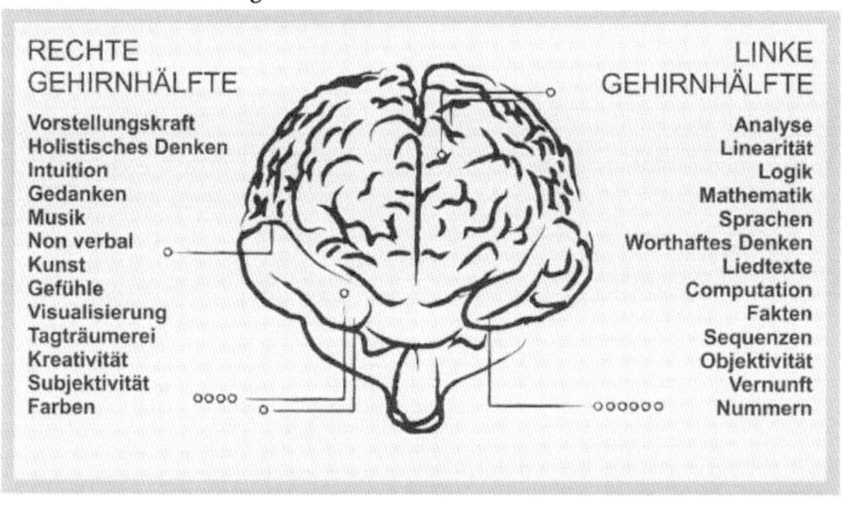

Das Gehirn steuert bekanntermaßen den Körper und diverse Körperfunktionen. Während die rechte Gehirnhälfte die linke Körperseite führt, leitet analog dazu die linke Gehirnhälfte die rechte Körperseite.

Der rechte Teil unseres Gehirns ist für Gefühle und das Unterbewusstsein zuständig, aber auch Intuition, Kreativität und Einbildung werden hier verarbeitet. Im Gegensatz dazu steht der linke Teil des Gehirns für Logik und das Bewusstsein: analytisches, lineares und faktisches Denken finden hier statt. Und genau diese Unterscheidung findet sich auch in den Händen wieder.

Die linke Hand wird als die sogenannte **Erbhand** bezeichnet, das bedeutet, dass sie Informationen über angeborene, ursprüngliche Veranlagungen enthält. Sie reflektiert die innere Welt des Menschen, darunter zum Beispiel seine Talente, seine Sichtweisen auf das Leben, wie er auf andere Mitmenschen zugeht, ob er eher introvertiert oder extrovertiert ist, aber auch seine Fehler. Diese Hand ist mit dem Unterbewusstsein des Menschen verbunden, also der rechten Gehirnhälfte, und liefert demnach Hinweise auf diese eher verborgenen Aspekte. Auch die Welt der Emotionen spielt hier eine Rolle und wird auf dieser Seite widergespiegelt. Wenn ein Mensch Fragen zu seiner Partnerschaft oder der Beziehung zu seiner eigenen Mutter hat, wird er die Antworten in der Erbhand finden. Bezüglich der Interpretation und Zeichendeutung gemäß der Chiromantie befasst sich die linke Hand mit den Dingen, die uns noch erwarten, also mit zukünftigen Ereignissen.

Die rechte Hand stellt hingegen die sogenannte **Entwicklungshand** dar. Sie ist verknüpft mit der linken Gehirnhälfte, somit ist sie mit dem Bewusstsein verbunden. Die Pläne des Menschen sind hier ablesbar. Im Gegensatz zur linken Hand bezieht sie sich nicht auf das, was vor der Geburt bereits entschieden war, sondern lediglich auf postnatales Wissen, also alles, was nach der Geburt geschieht. Diese Hand gibt das wieder, was der Betroffene aus seinen Veranlagungen und Talenten, die man an der Erbhand ablesen kann, macht oder wie er mit seinen Fehlern umgeht. Wann immer Fragen zur Beziehung zum eigenen Vater auftreten, wird die Entwicklungshand gelesen. Wenn es um die Vergangenheit und die Gegenwart geht, ist die rechte Hand diejenige, die aufschlussreiche Angaben darüber machen kann.

Auf einen Blick: Was für welche Hand?

In der Erbhand (links) liest man für Fragen zu

- Angeborenen Eigenschaften und Veranlagungen
- Der eigenen inneren Welt, wie den Gedanken
- Den Talenten und Begabungen
- Der Weltanschauung und der Sichtweise auf das Leben
- Dem Umgang mit Mitmenschen
- Den Fehlern und Schwächen des Charakters
- Dem Unterbewusstsein und verdeckte Facetten der Persönlichkeit
- Den eigenen Emotionen
- Der Beziehung zu seiner Mutter oder Partnerschaften
- wahrscheinlich eintreffenden Ereignissen, die die Zukunft betreffen

In der Entwicklungshand (rechts) liest man für Fragen zu

- Dingen, die nach der Geburt geschehen sind, wie zum Beispiel Wissen und Fähigkeiten, die man postnatal erworben hat
- Der Nutzung jener Talente, die einem Charakter angeboren sind
- Dem Umgang mit den eigenen Schwächen und Fehlern
- Der Beziehung zu seinem Vater
- Dem Bewusstsein
- Den innersten Plänen und Wünschen des Individuums
- Ereignissen, die die Vergangenheit oder die Gegenwart betreffen

> ⓘ
>
> Es macht übrigens keinen Unterschied, ob jemand Links- oder Rechtshänder ist – die Merkmale, die die jeweilige Hand repräsentiert, ändern sich dadurch nicht. Die linke Hand bleibt die Erbhand und die rechte Hand bleibt die Entwicklungshand, unabhängig davon, ob die linke oder die rechte Hand der Person die aktive Hand ist.

Worauf sollte beim Handlesen geachtet werden?

Das Handlesen an sich besteht aus der Beobachtung und Betrachtung der Hände sowie der anschließenden Interpretation und Verknüpfung der dadurch erhaltenen Informationen. Doch damit diese Daten auch möglichst die Realität wiedergeben und nicht verfälscht sind, können Sie die hier aufgezählten Tipps bei der Anwendung berücksichtigen.

- **Stellen Sie sicher, dass die Lichtverhältnisse stimmen:** Damit Ihnen auch die feinsten Furchen und Besonderheiten nicht entgehen, muss das Licht gut sein. Tageslicht ist wie immer die beste Wahl, doch auch eine gute Beleuchtung ist für die Handdiagnostik im Innenraum eine geeignete Alternative.

- **Betrachten Sie immer beide Hände:** Bei der Beobachtung und Deutung der zu erkennenden Zeichen sollten Sie stets die linke und die rechte Hand berücksichtigen. Eine Seite allein wird Ihnen lediglich eine Hälfte Ihres Charakters wiedergeben können und das Bild, das Sie von sich erhalten, wird nicht vollständig sein. Ob nacheinander oder gleichzeitig – die Betrachtung beider Hände sollte so oder so erfolgen.

- **Bewegen Sie die zu deutende Hand:** Halten Sie die Hand starr vor sich, werden Ihnen einige wichtige Details entgehen. Manchmal offenbart erst das leichte Bewegen der Gliedmaßen feine Falten und wichtige Besonderheiten kommen zum Vorschein. Probieren Sie aus, die Hand leicht zu schließen und wieder zu öffnen, um die Faltenbildung zu beobachten. Das Öffnen der Hand mit einem starken Abspreizen der Finger wird die Handlinien besonders gut sichtbar werden lassen.

- **Achten Sie auf die Details:** Auch wenn Sie zunächst meinen, eine Linie sei nicht wichtig und könnte deshalb vernachlässigt werden, so sollten Sie wissen, dass jedes Detail zählt. Auch die kleinsten Abzweigungen, Unterbrechungen, Unebenheiten, Auffälligkeiten oder Störungen in einer Furche sind von Bedeutung und können das Ergebnis einer Deutung grundlegend verändern.

- **Beachten Sie auch die Position, die Tiefe, die Länge, die Ausprägung, die Richtung und den Verlauf der Handlinien:** Nicht nur die bloße Existenz einer Furche oder einer Handzone spielt bei der Handdiagnose eine Rolle, ganz im Gegenteil: Vor allem die Ausprägung, der Verlauf, die Länge, die Tiefe, die Richtung und die Position geben erst die wirklich wichtigen und individuellen Informationen über den jeweiligen Menschen preis.

Was macht einen guten Handleser aus?

Nicht jeder Handanalytiker ist in der Lage, die Hände umfassend im Hinblick auf ihre chirologischen (beobachtbaren) und chiromantischen (gedeuteten) Merkmale unter der Berücksichtigung chirosophischer (philosophischer) Gesichtspunkte zu interpretieren. Der Handleser sollte jedoch einige grundsätzliche Regeln beachten, um bestmöglich auf das benötigte Wissen, seine Intuition und Inspiration zurückgreifen zu können. Er muss in der Lage sein, Zusammenhänge zu erkennen, wobei er einerseits eine passende Einstellung an den Tag legt und sich andererseits voll und ganz auf den anderen Menschen einlassen kann, ohne dass seine persönlichen Empfindungen das Resultat der Analyse überdecken. Aus diesem Grund existieren die folgenden Richtlinien, die als Anhaltspunkt für einen guten Handleser dienen.

1. In erster Linie sollte der Handanalytiker mit einem fundierten Wissen bezüglich der Chirologie sowie Physiognomie der Hände punkten. Er muss dazu befähigt sein, ohne Zweifel Beobachtungen anzustellen und relevante Details zu erkennen.

2. Zudem ist es wichtig, dass er sich immerzu mit der Thematik der Handlesekunst beschäftigt, um sich in der Theorie wie auch in der Praxis weiterzubilden.

3. Er bleibt bescheiden und hält sich mit seinem umfangreichen Wissen zurück.

4. Der Handleser sollte eine gefestigte Sichtweise auf das Leben haben. Sein Weltbild sollte mit seinen persönlichen Werten übereinstimmen.

5. Er sollte stets bestrebt sein, auch in seinem eigenen Leben gemäß der Chirosophie die Entwicklungsleiter seines Charakters zu erklimmen und diesen stetig zu verbessern. Damit vermeidet er, dass er seine eigenen Gedanken und Gefühle auf die seiner Kunden projiziert.

6. Der Handleser sollte unter allen Umständen Werte wie Authentizität und Integrität verkörpern. Er sollte seinen eigenen Stil dieser Kunst finden, ohne einen anderen krampfhaft kopieren zu wollen. Das Wichtige dabei ist nur, dass er ehrlich bleibt und von ganzem Herzen handelt.

7. Die Schweigepflicht ist auch für einen Handanalytiker zu berücksichtigen. Diskretion zur Wahrung sensibler Informationen der Kunden hat oberste Priorität, weshalb er sich immerzu bewusst machen sollte, dass er das Vertrauen der anderen Menschen genießt und dementsprechend würdig damit umgehen sollte.

8. Der Kunde ist König: Sein freier Wille sowie seine Grenzen werden zu jeder Zeit respektiert. Die Aussagen, die der Handleser während der Diagnose formuliert, werden aus diesem Grund stets bewusst und achtsam gewählt.

9. Zu den Aussagen während des Handlesens ist zudem zu erwähnen, dass der Handanalytiker diese mit offenem Herzen und Klarheit vermittelt. Er überbringt die Botschaften immer lösungsorientiert und mit einer positiven Intention.

10. Der Handleser übt seine Tätigkeit zu jedem Zeitpunkt mit einer Einstellung der Demut aus, denn ihm ist stets bewusst, welche enorme Verantwortung er besitzt.

DIE GRUNDFORMEN DER HAND

Die Kunst des Handlesens bezieht ihre Schlussfolgerungen über den Charakter eines Menschen nicht nur aus den Furchen, Falten und den Feinheiten, sondern auch aus der Hand im Allgemeinen. Die Form dieser vermittelt dem Handanalytiker den ersten Eindruck und gibt ihm ein erstes Gefühl für die Persönlichkeit, die er vor sich sieht und die es zu analysieren gilt.

Bei der Beurteilung der Handform geht es nicht darum, diese mit einem Ideal zu vergleichen und daraufhin Rückschlüsse auf die Charaktereigenschaften des jeweiligen Menschen zu ziehen. **Die Hände werden immer nur in Relation zum eigenen Körper betrachtet und nicht mit den Gliedmaßen anderer Personen gleichgesetzt.** Beachten Sie also, dass Sie bei der Analyse Ihrer Hände die Aufmerksamkeit zu jedem Zeitpunkt bei sich behalten und nicht in die Falle geraten, sich mit anderen Menschen, Illustrationen oder sonstigen Angaben aus Büchern zu vergleichen. Letzteres dient, wie bereits erwähnt, lediglich dem besseren Verständnis für die Thematik und dem Erlernen der wichtigsten Anhaltspunkte.

Zur Ermittlung der Form der eigenen Hände betrachten Sie diese in Relation zu Ihrem Körper. So besitzen einige Menschen sehr große Gliedmaßen für Ihre Körpergröße, bei anderen ist das Gesamtbild stimmig und bei wiederum anderen scheinen sie eher klein zu sein – diese Einschätzung ist also immer auch abhängig von der Person, die gerade den Betrachter darstellt und die Klassifikation vornimmt. Die tatsächliche Größe der Hand, die übrigens von dem Handgelenk bis zu den Fingerspitzen gemessen wird, steht hier gar nicht so im Vordergrund.

Vergleichsweise große Hände

Besonders große Hände im Vergleich zum restlichen Körper werden mit einem Hang zur Nachdenklichkeit verbunden. Diese Menschen verbringen viel Zeit im Geist mit ihren Gedanken, was sie in ihrem Handeln tendenziell eher langsamer macht.

Vergleichsweise kleine Hände

Besitzt ein Mensch in Relation zu seiner Körpergröße eher kleinere Hände, lässt dies vermuten, dass er weniger mit seinen Gedanken beschäftigt ist und ihnen nicht so viel Bedeutung schenkt. Das bedeutet auch, dass er dazu neigt, weniger nachzudenken, bevor er handelt. Ganz im Gegenteil sind Menschen mit kleineren Händen meist aktiv und werden sehr schnell tätig.

Die Handgröße ist weder zu klein noch zu groß

Menschen mit Händen, die im Vergleich zur Körpergröße eine harmonische Größe besitzen, gleichen die Eigenschaften der oben genannten großen und kleinen Hände in sich aus. Das bedeutet, dass sie dazu neigen, sich weder zu viel noch zu wenig Gedanken über die Dinge in ihrem Leben zu machen, und auch in ihrem Handeln sind sie ausgeglichen. Sie agieren nicht vorschnell und übereilt, aber auch nicht zu langsam.

Wichtige Anmerkung: Die Bezeichnung „zu klein ..." oder „zu groß ..." ist in keinem Fall als eine Bewertung zu sehen, sondern dient allein zur verständlicheren Beschreibung der Größe und Form. Natürlich gibt es keine zu kleinen oder zu großen Hände beziehungsweise zu kurze oder zu lange Finger, denn jede Hand ist genau perfekt so, wie sie ist. Es geht im hier vorliegenden Buch nicht darum, sich mit anderen oder gar einem Ideal zu vergleichen, denn allein die Interpretation der vorhandenen Daten, die aus der Beobachtung der Gliedmaßen gewonnen werden, ist das, was hier und im Rahmen der Handlesekunst im Vordergrund steht. Das sind Hilfsmittel, die Ihnen sich selbst näher bringen sollen, damit Sie sich besser kennenlernen können.

Spatelförmig

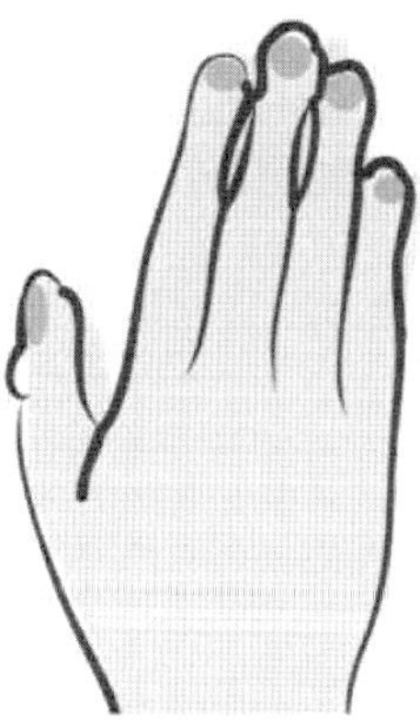

Diese Handform weist eine gewisse Breite im Bereich des Handtellers, aber auch der Finger auf, die diesen Typ mit einem Spatel vergleichbar macht. Sie wirkt massiver und stabiler als zum Beispiel die vergeistigte Hand, wobei die Fingerglieder durchaus sichtbar sind. Zudem sind die Fingerspitzen weniger spitz, sondern eher runder und breiter. Die Fingernägel sind rundlich und groß. Persönlichkeiten mit einer Spatelhand können der Gruppe der Arbeiter zugeordnet werden, denn sie sind fleißig und handeln schnell. Geduld hingegen zählt nicht zu ihren Stärken, auch eine gewisse Eigenwilligkeit und Ichbezogenheit gehören zu diesen Menschen. Als Geschäftsführer und Unternehmer lieben sie die Freiheit, sie sind aber auch sehr strebsam bei dem, was sie tun.

Kegelförmig

Dieser Handtyp zeichnet sich durch seine konische Grundform aus, die in einer breiten unteren Hälfte begründet wird und mit dem Beginn der Finger schmaler zusammenläuft. Die konische Form besitzt einen breiten quadratischen bis rechteckigen Handteller mit gleichzeitig langen Fingern, die schlank sind, aber nicht dünn. Die Fingerspitzen laufen spitz zusammen, während die Fingernägel länglich und schmal sind. Ein Charakter, der durch eine konische Hand beschrieben wird, ist durch eine hohe Fähigkeit zur Anpassung an äußere Umstände gekennzeichnet. Diese besonders hilfsbereiten Menschen haben das Bedürfnis, sich an anderen anzulehnen, aber lassen sich auch leicht von gewissen Dingen und Meinungen beeindrucken. Eine weitere Qualität der konischen Hand ist ihre gefühlsbetonte Art, ihre großartige Fantasie, ihr ausgeprägter Sinn für Schönheit und die künstlerische Ader, die sie ausstrahlt.

Gemischt

Die Mischhand ist, wie der Name bereits deutlich macht, eine Mischung aus den genannten Handformen. Sie kann Merkmale aller Typen aufweisen, das bedeutet, dass diese Hand in Handtellerform, Fingerlänge und -dicke sowie Fingernagelform variieren kann. Heutzutage kann nur wenigen Menschen eine eindeutige Handform zugeordnet werden, denn die meisten besitzen Qualitäten, die auf verschiedene Gruppen zutreffend sind.

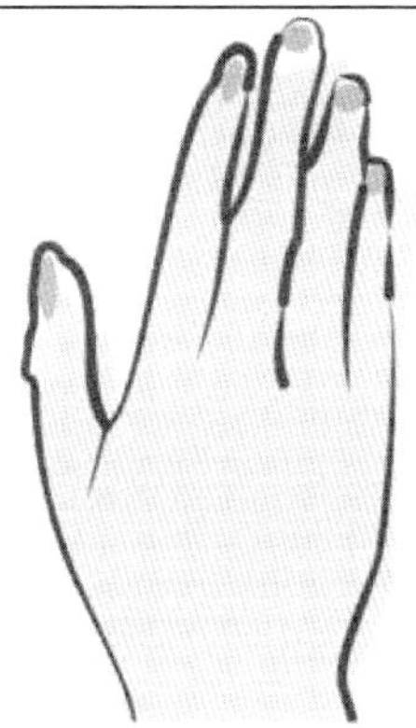

Eckig

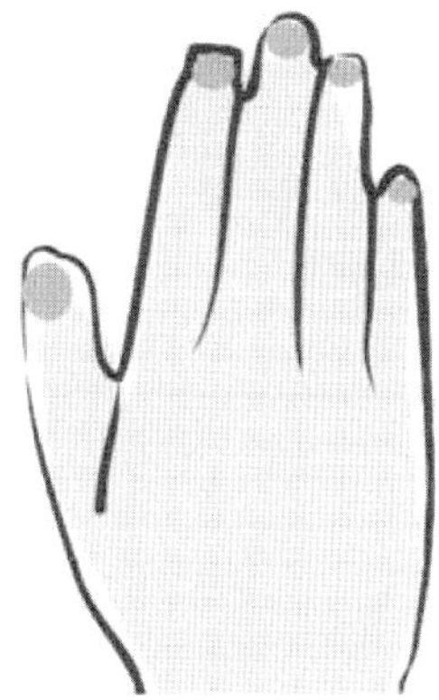

Eine quadratische, breite Handform und kantige Fingerspitzen machen diesen Handtyp aus. Die Finger sind eher kurz und kräftig gehalten, während die Fingerspitzen gedrungen und gerade gestaltet sind. Der Daumen ist dicklicher, während die Form der Fingernägel eckig ist. Methodik und Systematik sind die zentralen Begrifflichkeiten, mit denen Menschen beschrieben werden können, die eckige Hände besitzen. Sie sind realitätsnah und haben einen Sinn für gestaltende Tätigkeiten. Diese Persönlichkeiten zeichnen besonders ihr großes Pflichtgefühl und ein enormer Gerechtigkeitssinn aus, denn dies sind Menschen, die zuverlässig sind und auf die man sich wahrlich verlassen kann.

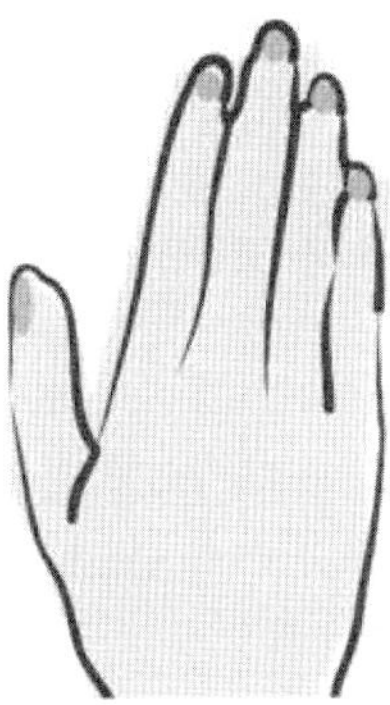

Philosophische Handform

Ein weder breiter noch schmaler Handteller mit langen Fingern ergibt einen Handtyp, der insgesamt mit einer Rechteckform bis hin zu einer Eiform umrahmt werden könnte. Diese Hand beschreibt die philosophische Gruppe, die manchmal auch mit der ovalen oder eiförmigen Hand betitelt wird. Die einzelnen Fingerglieder sind gut zu erkennen und die Fingerknochen stehen leicht hervor, da die Finger schmal sind und wie eine Sanduhr geformt sind. Die Fingernägel sind oval und besonders der Daumennagel ist recht groß. Die philosophische Hand repräsentiert Antrieb und besonders den Ehrgeiz der Menschen, die eine solche Gliedmaßenform besitzen. Der persönliche Wille dieser Persönlichkeiten ist stark ausgeprägt, jedoch sind sie bereit, sich einzuordnen, und besitzen zudem keinen großen Anspruch auf materielle Besitztümer wie Geld. Dies führt dazu, dass ihr Schaffensdrang in geistiger sowie künstlerischer Hinsicht besonders gefördert wird. Eine weitere positive Eigenschaft von Menschen mit einer philosophischen Hand liegt in ihrer großen Fantasie, die jedoch dadurch ausgeglichen wird, dass ihr Realitätssinn ihnen nicht erlaubt, den Boden unter den Füßen zu verlieren.

Psychische Handform

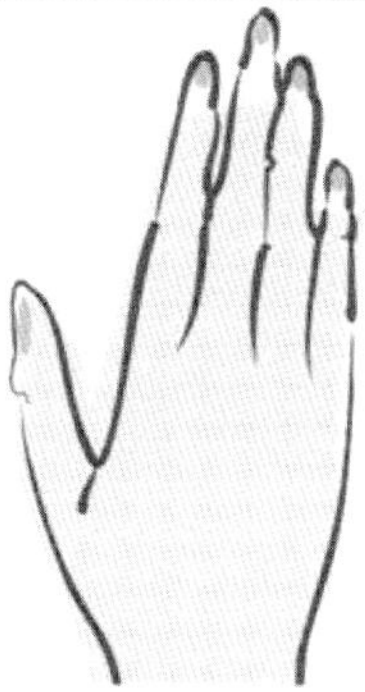

Die psychische Hand, die auch die vergeistigte oder gotische Hand genannt wird, zeichnet sich durch sehr lange, schmale Finger aus, die spitz zulaufen. Auch die Fingernägel passen sich dem Bild an und sind länglich geformt. Die Hand an sich ist ebenso schmal und rechteckig in die Länge gezogen. Die einzelnen Glieder sind fein und die Fingerknochen stehen leicht hervor. Diese Hände spiegeln die geistige und philosophische Aktivität ihres Trägers wider, der jedoch weniger für praktische, handwerkliche Tätigkeiten des Lebens geeignet ist. Anpacken ist nicht so sein Ding, doch wenn es um Themen geht, die den eigenen Verstand und die innere Welt betreffen, sind Menschen mit einer vergeistigten Hand sofort dafür zu begeistern. Diese Form wird auch mit Träumen und Sehnsüchten verbunden.

EXKURS: DIE VIER ELEMENTE IN DER HANDLESEKUNST

Bei der weiteren Betrachtung der Handformen verfolgt die Handlesekunst die Annahme, dass jedem Handtyp eines der vier Elemente, also Erde, Luft, Feuer und Wasser, zugeordnet werden kann.

Die Vier-Elemente-Lehre geht davon aus, dass alles, was existiert, aus den vier Grundelementen besteht. Feuer, Wasser, Erde und Luft sind jene Essenzen, die in verschiedenen Mischungsverhältnissen in allen Dingen, auch in uns Menschen, stecken. In etlichen Traditionen weltweit finden die sogenannten Urstoffe ihren Einsatzbereich, denn sie gelten als eine Form der Grundeinteilung. Nicht nur in der Astrologie und den Sternzeichen werden seit der Antike Zuordnungen zu den einzelnen Elementen gemacht, sondern auch in der Alchemie, der Humoralpathologie (Lehre der Körpersäfte), der Psychologie, der Lehre der Temperamente oder in der Anthroposophie. Ob Hippokrates, Platon, Aristoteles, Hieronymus oder Paracelsus – dies sind nur einige Vertreter jener bedeutender Persönlichkeiten der Vergangenheit, die als überzeugte Anhänger die Lehre der Elemente in ihre berühmten Arbeiten einbezogen.

Auch in der Kunst des Handlesens im Rahmen der Chiromantie spielen die vier Urstoffe eine Rolle, denn jeder Hand kann aufgrund ihrer Form ein oder gegebenenfalls mehrere Elemente zugeordnet werden. Anhand dieser Beobachtung können anschließend erste Deutungen bezüglich des Charakters des jeweiligen Menschen gemacht werden, die durch weitere Merkmale, wie die der Handlinien und Zonen, verfeinert werden.

Alle vier Elemente können in jedem einzelnen Menschen gefunden werden, denn ausnahmslos jeder Charakter besteht aus diesen Grundstoffen. Die Unterscheidung der Persönlichkeiten begründet sich allerdings in der Ausprägung der einzelnen Aspekte, also darin, wie präsent ein oder mehrere bestimmte Elemente sind. Es kann zum Beispiel vorkommen, dass eine Person dem Element Feuer zugehörig ist, was jedoch nicht bedeutet, dass sie keine Eigenschaften der anderen Elemente verkörpert. Die Elemente Wasser, Luft und Erde sind in diesem konkreten Fall einfach nur nicht so stark ausgeprägt und nehmen demnach eine eher untergeordnete, jedoch nicht vollständig zu vernachlässigende Rolle ein.

Das Element Erde

Was der Name dieses Elementes bereits vermuten lässt, ist, dass die Materie, also das Greifbare, hier am meisten Gewichtung im Vergleich zu den anderen Urstoffen besitzt. Erde stellt die Verkörperung der Verdichtung dar, die sich bis in den Zustand der Starre ausweitet. Dieses Element besitzt trockene und kalte Eigenschaften.

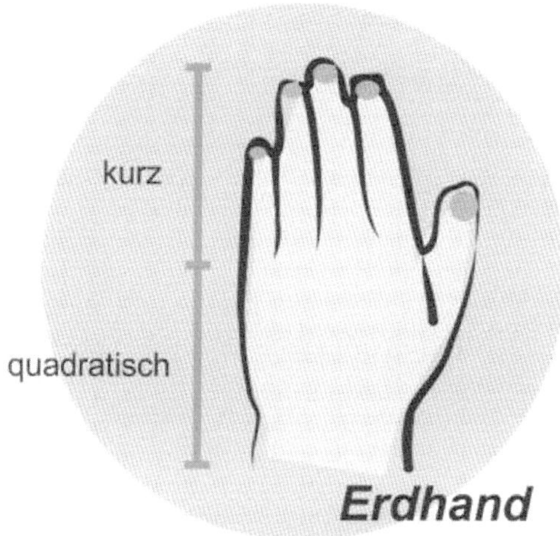

In der Chiromantie kann eine Hand anhand ihrer Qualitäten dem Element Erde zugeordnet werden. Sie hebt sich vor allem durch ihre rechteckige oder quadratische Form des Handtellers bei gleichzeitig gleich langen oder auch kürzeren Fingern von den restlichen Handtypen ab. Sie wird häufig mit den Adjektiven fleischig, kräftig, robust, grob oder massiv beschrieben. Die Finger sind zudem eher eckig und dicklich geformt.

Menschen, die dem Element Erde zugeordnet werden können, sind tendenziell ruhig und gelassen, sogar gemütlich und verhalten sich eher passiv. In ausgeprägten Fällen können sie gar zur Trägheit neigen. Die Materialität, die durch dieses Element verkörpert wird, zeigt sich in Menschen mit dem Element Erde durch eine praktische und realistische Veranlagung. Sie befassen sich mehr mit dem Greifbaren, dem Sachlichen und dem Konkreten, statt zu sehr in der Welt der Gedanken oder der großen Worte zu verweilen. Die Robustheit, die sich in den Händen und der Haut häufig widerspiegeln, repräsentieren auch die Robustheit der Gesundheit dieser Menschen und auch ihre Energie weist oft ein hohes Level auf. Diese Persönlichkeiten gelten als besonders hartnäckig, wobei sie manchmal auch zur Unnachgiebigkeit und Zwanghaftigkeit tendieren. In der Regel vertreten sie stets stabile Wertvorstellungen, wie Zuverlässigkeit und Kontinuität. Sie werden meist aufgrund ihrer wortkargen Kommunikationsweise als kurz angebunden und nicht wirklich als gesprächig wahrgenommen. In der Gemeinschaft zeigen sie sich eher in ihren bekannten Kreisen als gesellige Leute, denn bei allem, was fremd ist, neigen sie zur Zurückhaltung und Skepsis.

Das Element Luft

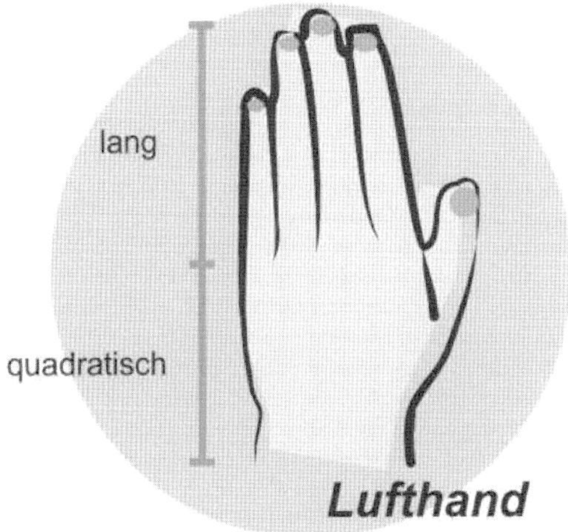

Luft steht für Geschwindigkeit, Leichtigkeit, Austausch und Bewegung. Ihre Qualitäten sind die Hitze und Feuchtigkeit, wobei dieses Element das Denken in seiner schnellen und flüchtigen Art widerspiegelt. Die Handform, die der Luft zugeschrieben werden kann, besteht meist aus einem quadratisch geformten Handteller mit langen Fingern und tendenziell trockener Haut. Sie ist teilweise recht dünn, wodurch die einzelnen Fingerknöchel so herausstehen können, dass eine weitere Beschreibung für diesen Handtyp „knochig" ist. Die Finger sind meist geformt wie eine Sanduhr, was bedeutet, dass sie zwischen den einzelnen Fingergliedern dünner zulaufen.

Dementsprechend können Menschen, die dem Element Luft zugeordnet werden können, mit einem großen Ideenreichtum und einer hohen geistigen Aktivität bei gleichzeitig großem Interesse an immateriellen Themen beschrieben werden, wobei sie sich gerne bereits nach kurzer Zeit für viele Dinge begeistern lassen, diese Begeisterung meist aber nicht zu lange anhält. Die Ausdauer ist nicht unbedingt eine Stärke der Persönlichkeit, die dem Element Luft zugehörig ist. Dafür sind sie freundlich, gesellig, hilfsbereit und kommunikativ veranlagt und sie interessieren sich für philosophische Themen. Die eigenen Fehler können sie nur schwer annehmen und mit anderen darüber zu sprechen, gehört nicht zu ihren Lieblingsbeschäftigungen. Das Schönreden oder Ablenken von solchen Themen ist ihre gewohnte Strategie zur Vermeidung von Kritiken. Das Aneignen von Wissen und der Gebrauch Ihres scharfen Verstandes stehen bei ihnen an oberster Stelle, wodurch sie stets als gebildet und dabei höflich auftreten. Jedoch bedeutet dies auch, dass sie eher weniger für praktische Tätigkeiten geeignet sind. Manchmal werden sie als oberflächlich sowie gefühlskalt eingeschätzt.

Das Element Feuer

Das Element Feuer besitzt offensichtlich heiße und damit einhergehend trockene Qualitäten. Es verkörpert Eigenschaften wie Veränderung, Aktivität und Intensivität.

Hände, die die Eigenschaften des Urstoffes Feuer verkörpern, weisen einen breiten, quadratisch bis rechteckigen Handteller auf, wobei die eher spatelförmigen Finger gleichzeitig in Relation dazu durch die Breite eher kurz wirken – sie sind also kürzer als die Länge des Handtellers. Diese Handform kann zudem sehr kräftig konstruiert sein. Wenn jemand mit „feurig" beschrieben wird, weiß man in der Regel, dass dieser Mensch grundsätzlich sehr aktiv und impulsiv, ja, fast schon aufbrausend oder in extremen Fällen gar cholerisch ist. Meist ist diese typische Feurigkeit allerdings eher ein Impuls zum Beginn einer Handlung, sie hält also oft nicht zwangsweise dauerhaft an. Menschen mit dem Element Feuer wollen die Dinge anpacken und in das Tun kommen. Sie werden häufig mit Eigenschaften wie Spontanität, Großzügigkeit, Lebhaftigkeit, Extrovertiertheit, Begeisterungsfähigkeit und Veränderungsaffinität, aber auch mit Ungeduld sowie dem Hang zur Übertriebenheit und Egoismus beschrieben.

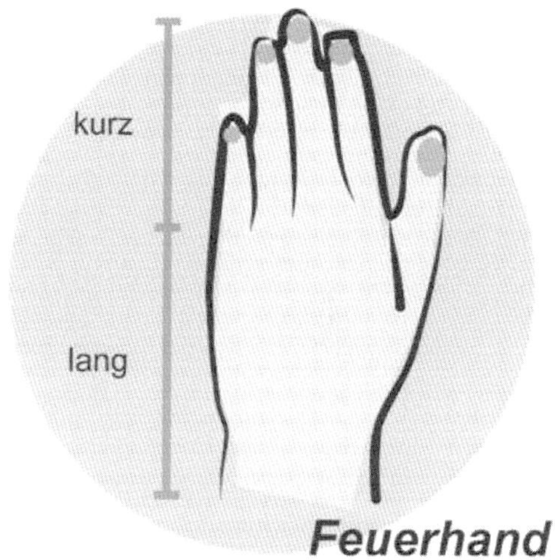

Der Impuls zum „Angreifen", beispielsweise bei einem neuen Projekt, ist sehr stark ausgeprägt und zeichnet diese Persönlichkeiten aus, wodurch es meist die Menschen sind, die dem Element Feuer zugeordnet werden können, die als sogenannte „Macher" klassifiziert werden und die geborenen Anführer sind.

Das Element Wasser

Dieser Urstoff steht für die Fähigkeit zur Aufnahme, Empfänglichkeit und Anpassungsfähigkeit. Eine Wasserhand zeichnet sich durch ihren langen, manchmal ovalen Handteller und ebenso langen Fingern aus. Diese sind meist dünn und zart, wodurch dieser Handtyp auch als fein und fragil beschrieben wird. Die Finger sind kegelförmig und die Spitzen dieser laufen konisch und spitz zusammen.

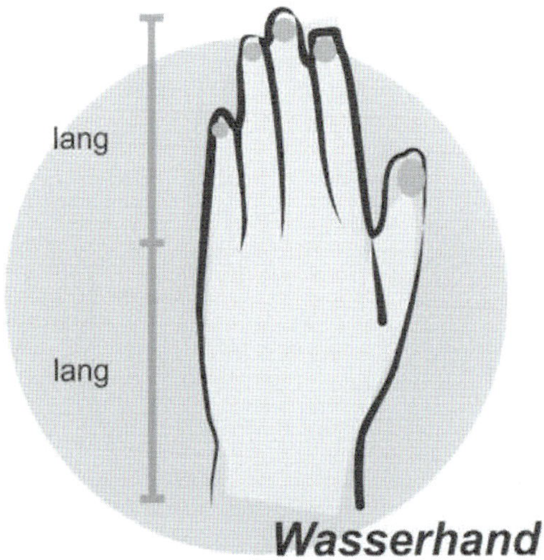

Das Wasser besitzt ein fließendes und anpassungsfähiges Verhalten, was sich auch in Menschen widerspiegelt, die diesem Element zugeordnet werden können. Wie das Wasser die Form und die Temperatur der umgebenden Gegebenheiten annimmt, so sind auch Persönlichkeiten dieser Gruppe wechselhaft in ihren Gefühlen. Allgemein ist der Bereich der Emotionen für Menschen mit diesem Element von großer Bedeutung, weshalb sie dazu neigen, mehr zu fühlen, als zu denken. Persönlichkeiten, die Eigenschaften des Wassers verkörpern, befassen sich auf eine ganz intuitive Weise mit ihrer inneren Welt, wobei sie ganz natürlich eine tiefe Verbindung zu ihren Träumen und Inspirationen aufbauen können. Das fördert ihre Kreativität, aber auch ihren Hang zum Verträumtsein. Sie können als launisch und überempfindlich gelten, da sich ihre Gefühle auch ohne gewichtige Gründe wandeln können. Sensibilität, Mitgefühl, Tiefgründigkeit, Scharfsinnigkeit, Feinfühligkeit und Sanftheit gehören hingegen zu ihren Stärken. Meist werden sie als unaufdringlich, zurückhaltend und stilvoll wahrgenommen, außerdem sind sie sozial veranlagt, was sie wiederum dazu bewegt, mit ihrer Fürsorglichkeit anderen zu helfen und sich zu kümmern. Die Anpassungsfähigkeit des Elementes Wasser bringt leider auch mit sich, dass sich die zugehörigen Persönlichkeiten häufig zu sehr an anderen orientieren und sich dabei selbst zurückstellen, was zu Ausnutzungen führen kann.

Auf einen Blick: Handformen

Form der Hand	Erkennungsmerkmale	Charaktereigenschaften
Kurze und harte Hände	Handgelenk ist breit und dicklich mit kurzen, fülligen Fingern und wenigen, kurzen oder deutlichen Handlinien.	Diese Handform ist dem Element Erde zugehörig. Sie steht für kraftvolle, vitale Menschen, die auf der Suche nach Herausforderungen sind. Sie können in der Regel sehr gut anpacken, sind dafür aber weniger gesprächig. Diese Menschen vertreten reale Wertvorstellungen, dennoch schätzen sie Eigentum und Geld. Sie besitzen ein Bedürfnis nach Stabilität und Sicherheit. Als geerdete Charaktere vermeiden sie Veränderungen und Abwechslungen, wobei sie zuverlässig und beständig sind, aber auch stur sein können. Sie besitzen eine meist konservative Lebenseinstellung.
Lange und schlanke fingerbetonte Hände	Handfläche ist mit einem feinen Netz aus Handlinien versehen. Meist sind viele Handlinien vorhanden.	Diese Hände sind dem Element Luft zugehörig. Persönlichkeiten, die dieser Gruppe zugeordnet werden können, wirken meist auf körperlicher Ebene schwächer als andere, dennoch überzeugen sie mit ihrem flexiblen, feinen, eleganten und beweglichen Auftreten. Die Betonung dieser Charaktere liegt auf dem Geist und der Seele sowie dem Denken, Reden, Kommunizieren und dem Verstehen. Sie neigen dazu, viele Versprechungen zu machen, aber nur wenige davon auch tatsächlich einzuhalten. Sie besitzen einen Sinn für Kunst, Theater, Bildung und haben Geschmack, jedoch besitzen Sie Schwierigkeiten mit praktischen Tätigkeiten.

Weiche Hände	Meist dicklich und gerundete und geschwungene Handlinien. Menschen mit dieser Handform neigen bei Aufregung zu Kälte und Feuchtigkeitsbildung.	Diese Handform ist dem Element Wasser zugehörig. Menschen mit weichen Händen sind meist sehr empathische Persönlichkeiten mit viel Verständnis und Anteilnahme, die sehr gefühlsbetont sind. Andere Menschen fühlen sich zu diesen Charakteren hingezogen, wenn sie eine tröstende Schulter brauchen. Dieser Charakter plaudert besonders gern. Er handelt jedoch träge, wenn es darum geht, aktiv gegen Widerstände im eigenen Leben vorzugehen.
Breite, elastisch gespannte Hände	Kurze Finger, ein großer Daumen und Handlinien, die meist tief und gerötet sind, dabei gerade oder strahlenförmig angeordnet.	Diese Hände sind dem Element Feuer zugehörig. Individuen dieser Zuordnung sind abenteuerlustig und offen für das Unbekannte. Sie wollen die Führung übernehmen und können schlecht mit Langeweile und Situationen umgehen, in denen sie nichts erobern können. Sie lieben das Drama und die Veränderung, wobei sie dazu neigen, unruhig bis hin zu explosiv zu werden, wenn es nicht nach ihren Wünschen zugeht. Sie verschaffen sich meist Aufmerksamkeit durch Lautstärke, wenn sie das Gefühl haben, übersehen zu werden.

Selbsttest

Nun sind Sie gefragt ...

Nachdem Sie im vergangenen Kapitel etwas über die verschiedenen Handformen gelernt haben, lade ich Sie dazu ein, eine Beobachtung Ihrer eigenen Hände durchzuführen, um daraus erste Rückschlüsse auf Ihren Charakter zu ziehen. Welcher Typ sind Sie?

1. Richten Sie sich dafür zunächst so ein, dass Sie die Tipps für die praktische Anwendung des Wissens aus dem Kapitel „Die Grundlagen der Handlesekunst" berücksichtigen.

- Die Lichtverhältnisse sollten stimmen.
- Betrachten Sie immer beide Hände.
- Bewegen Sie die Hände, um sie aus jedem Winkel betrachten zu können.
- Achten Sie auf die Details.

2. Betrachten Sie ausgiebig Ihre beiden Hände. Nehmen Sie sich dafür genügend Zeit, damit Ihnen auch kein Merkmal entgeht. Achten Sie unter anderem auf folgende Details:

- Verhältnis der Hände zur Körpergröße
- Größe und Form des Handtellers
- Hauttyp: trocken, weich, robust, ...?
- Sichtbarkeit der Finger- und Handknochen

3. Schreiben Sie Ihre Beobachtungen möglichst detailliert auf.

4. Nachdem Sie all diese Erkenntnisse in Betracht ziehen, welche Form würden Sie Ihren beiden Händen zuordnen? Nur in den seltensten Fällen kann ein Chirologe einen Menschen in eine einzige eindeutige Kategorie klassifizieren, weshalb Mischformen eher die Regel sind. Sollten Sie sich also nicht zwischen mehreren Formen entscheiden können, notieren Sie in jedem Fall alle in Frage kommenden Gruppen. Die Eigenschaften aller gewählten Formen werden höchstwahrscheinlich auf Sie zutreffen.

5. Nun widmen Sie sich genau diesen Eigenschaften. An der Form der Hände kann abgelesen werden, welche Charaktermerkmale ein Mensch besitzt. Lesen Sie nun noch einmal die Textpassagen zu den Handformen, die auf Sie zutreffen, und schreiben Sie alle Eigenschaften in die linke Spalte der Tabelle im Notizbereich, mit denen Sie sich identifizieren können. In der rechten Spalte hingegen notieren Sie alle verbliebenen Merkmale, mit denen Sie sich nicht unbedingt beschreiben würden.

Manchmal sind wir blind für uns selbst und können gewisse Aspekte an unserer Persönlichkeit nicht wahrnehmen, obwohl diese möglicherweise für andere Menschen deutlich sichtbar sind. Das muss natürlich nicht sein, denn nicht immer treffen alle Punkte auf uns zu, doch damit diese potentiellen Eigenschaften nicht vollständig ausgeklammert werden, finden auch sie in der Tabelle Platz. Zu einem späteren Zeitpunkt könnten Sie so die Notizen erneut kontrollieren und möglicherweise stellen Sie dann fest, dass Sie einige der Merkmale von der rechten Seite in die linke übertragen können.

6. Reflektieren Sie Ihre Notizen.

- Befinden sich Charakterzüge in der Liste, die Sie scheinbar schon immer aufweisen, und welche, die Sie erst seit geraumer Zeit an sich wahrnehmen konnten?

- Gibt es möglicherweise Eigenschaften, die Sie überrascht haben, weil Sie erst jetzt erkannt haben, dass diese auf Sie zutreffen?

- Sind Sie auf Merkmale gestoßen, auf die Sie vielleicht bereits durch Freunde oder Verwandte aufmerksam gemacht wurden?

- Wenn Sie sich die rechte Spalte der Tabelle mit den Eigenschaften anschauen, die Sie eher nicht für sich zutreffend finden, können Sie dann Situationen oder Momente in Ihrem vergangenen Leben finden, bei denen Sie möglicherweise ebendiese Merkmale aufwiesen? Achten Sie darauf, gut darüber nachzudenken und ehrlich zu sich zu sein. Markieren Sie anschließend diese potentiell zutreffenden Charakterzüge in der rechten Spalte der Tabelle mit einem Sternchen (*), einem Textmarker oder kreisen Sie diese ein.

Ihre Notizen:

Welche Merkmale fallen Ihnen bei der Betrachtung Ihrer Hände auf?

Welche der oben genannten Handformen beschreiben Ihre Hände am besten? Bedenken Sie, dass Mischformen möglich, ja, sogar sehr wahrscheinlich sind.

Welchem Element gemäß der Vier-Elemente-Lehre würden Sie Ihre Hände zuordnen? Auch hier sind Mischformen denkbar.

Notieren Sie alle Merkmale, die den Handformen, die auf Sie zutreffen, zugeordnet werden können. Unterscheiden Sie dabei zwischen Eigenschaften, die Sie selbst an sich wahrnehmen können, und jenen, mit denen Sie sich nicht oder eher weniger identifizieren können.

Zutreffende Eigenschaften	Nicht zutreffende Eigenschaften
-	-
-	-
-	-
-	-
-	-
-	-
-	-
-	-
-	-

DIE GRUNDFORMEN DER FINGER

Neben der Grundform der Hand spielt auch die Fingerform in der Kunst des Handlesens eine bedeutende Rolle. Auf jene einzelnen Grundformen wollen wir nun näher eingehen.

Auch bei der Betrachtung der Fingergröße gilt es, diese lediglich in Relation zu den Händen einzuschätzen. Ein Vergleich mit Fingern anderer Menschen und eine Orientierung an bestimmten Maßangaben bringen hingegen keine aufschlussreichen Erkenntnisse.

Vergleichsweise kurze Finger

Menschen mit tendenziell eher kurzen Fingern bei Betrachtung der gesamten Hand sind meist sehr kreativ, dabei aber auch ungeduldig.

Vergleichsweise lange Finger

Lange Finger im Vergleich zu der ganzen Hand werden häufig von der Gesellschaft mit Attraktivität gleichgesetzt und gelten als ein Anzeichen für ein Schönheitsideal. Ihnen wird nachgesagt, kultiviert zu sein, jedoch auch ein Hang zur Besorgnis zu besitzen.

Die Finger sind weder zu lang noch zu kurz

Weisen die Finger eine weder zu lange noch zu kurze Länge in Relation zur Hand auf, deuten die Zeichen darauf hin, dass der jeweilige Mensch die oben genannten Merkmale der kurzen und langen Finger in sich ausgeglichen hat.

Die Form der Finger – gerade oder krumm

Die Finger unterscheiden sich bei vielen Menschen allein durch ihre gerade oder krumme Form. Charaktere mit **geraden** Fingern sind sich ihrer Talente und Fähigkeiten meist sehr genau bewusst und sie leben diese auch aus. Bei ihnen befindet sich das Geben und Nehmen in Balance. Sind die Finger allerdings **gebogen oder krumm**, weist dies auf eine Persönlichkeit hin, die sich für andere Menschen gut und gerne verbiegt und sich lieber anpasst, als sich durchzusetzen. Diese Menschen halten meist an ihren alten Glaubenssätzen und Verhaltensmustern fest und neigen dazu, in der Vergangenheit zu verweilen.

Die Form der Fingerspitzen – spitz, rund oder eckig

Die Fingerspitzen können entweder eine spitze, runde oder eckige Form aufweisen. **Spitze** Enden der Finger weisen auf einen Menschen hin, der sehr empfindsam ist und leicht verletzt werden kann. **Runde** Fingerspitzen hingegen stehen für Diplomatie und eine Persönlichkeit, die stets wohlüberlegt handelt. Eine praktische Veranlagung mit handwerklichem Talent, jedoch ohne viel Fingerspitzengefühl, deuten auf eine **eckige** Form der Fingerspitzen hin.

Die einzelnen Finger im Detail – vom Daumen bis zum kleinen Finger

Jeder einzelne unserer fünf Finger an einer Hand steht für eine andere Qualität und sagt demnach etwas über den Besitzer aus. Diese Übersicht veranschaulicht die Thematik.

Der Daumen – der Marsfinger

Der Daumen wird auch der Marsfinger genannt und ist der stärkste, flexibelste und wichtigste Finger an der Hand. Er repräsentiert das Ich, das Durchsetzungsvermögen und die Entscheidungskraft eines Menschen. Wenn der Daumen kräftig, aber nicht biegsam ist, kann dies auf den Charakter des Trägers übertragen werden, welcher ebenso stark ist, sich aber nicht verbiegen lässt. Dass ein Finger beweglicher sein kann als der andere, zeigt, wie wichtig es ist, immer beide Hände zu betrachten. Wenn beispielsweise der Marsfinger auf der linken Seite zurückgebogen werden kann, während jener der rechten Hand weniger flexibel ist, weist dieser Umstand darauf hin, dass der jeweilige Mensch innerhalb familiärer Gegebenheiten gefühlvoller mit anderen umgehen kann als im Beruf.

Form des Daumens	Erkennungsmerkmale	Charaktereigenschaften
Starker und unbiegsamer Daumen	Langer Finger mit vollen Fingerspitzen sowie ein starker und kräftiger Daumen. Meist ist der Daumen nicht oder nur wenig nach hinten biegsam.	Diese Form des Daumens steht für einen starken Charakter. Menschen mit diesem Typ Finger verbiegen sich nicht für andere und benötigen Unabhängigkeit. Sie besitzen Führungsqualitäten und brauchen auch diese Führungsrolle, um das große Ganze nicht aus dem Blick zu verlieren.
Kleiner Daumen	Kleiner Finger, der weich und schwach, aber dabei sehr biegsam ist.	Ein kleiner Daumen repräsentiert meist schwächliche physische Energie und Kraft. Diese Persönlichkeiten haben mit Ängsten und Misstrauen zu kämpfen.
Kleiner Daumen mit abgeflachter Spitze	Daumen ist klein und die Fingerspitze ist nicht voll, sondern flach.	Diese Menschen interessieren sich meist für geistige Themen und können sich sehr gut anpassen. Sie besitzen Toleranz, Empathie und Verständnis für andere, außerdem kümmern sie sich um ihre Mitmenschen.
Kleiner, schlanker Daumen	Ein kleiner Finger, der tailliert unter dem Fingerglied ist, zeichnet diesen Typ aus.	Ein Charakter mit einem kleinen und schlanken Daumen überzeugt meist durch ein kultiviertes Benehmen und er besitzt ein gutes Geschick in Sachen Diplomatie.
Daumen mit starkem Nagelglied	Oberes Nagelglied des Daumens ist kräftig.	Dies symbolisiert einen Charakter mit starkem Willen und ausgeprägter Entscheidungskraft.
Daumen mit schwachem Nagelglied	Oberes Nagelglied des Daumens ist schwächlich.	Diese Form hingegen steht für einen Charakter mit schwachem Willen und wenig ausgeprägter Entscheidungskraft. Er beschäftigt sich mehr mit geistigen Themen und weniger mit dem Materiellen.
Daumen mit starkem Daumenglied	Unteres Daumenglied ist kräftig ausgeprägt.	Dieser Charakter mit einem großen Verstand und Vernunft besitzt viel Fantasie, aber auch Logik.
Daumen mit schwachem Daumenglied	Unteres Daumenglied ist schwach ausgeprägt.	Hier liegt jedoch ein Charakter mit weniger ausgeprägtem Verstand und Vernunft vor, der aber einen großen Sinn für die Realität besitzt.

Der Zeigefinger – der Jupiterfinger

Der Zeigefinger wird auch als Jupiterfinger bezeichnet. Er repräsentiert die Autorität sowie die Macht und spiegelt die Ausprägung dieser Eigenschaften des Trägers wider.

Form des Zeigefingers	Erkennungsmerkmale	Charaktereigenschaften
Langer Zeigefinger	Zeigefinger ist länger als der Ringfinger.	Diese Persönlichkeit besitzt einen großen Geltungsanspruch mit einem ebenso großen Selbstwertgefühl und einem ausgeprägten Ehrgeiz. Sie strahlt eine natürliche Autorität aus und es sind häufig sehr aktive Menschen, deren Stärken im Fleiß und der Organisation liegen. In Kombination mit einem starken Daumen sind diese Charaktere meist sehr extrovertiert.
Kurzer Zeigefinger	Finger ist schwach und kurz.	Menschen mit dieser Art von Zeigefinger haben meist nur ein wenig vorhandenes Selbstbewusstsein. Sie kämpfen häufig mit Zweifeln und Unsicherheit, denn ein kurzer Zeigefinger steht für vorhandene Ängste und Angst vor Kritiken. Aus diesem Grund sind dies oft introvertierte Charaktere.

Spatelförmige Spitze 	Spatelförmige Fingerspitze und spatelförmiger Nagel.	Ein solcher Zeigefinger steht für einen großen vorhandenen Ehrgeiz und energische und aktive Menschen. Diese Charaktere sind meist auf die Entfaltung ihrer Macht aus.
Eckige Spitze 	Fingerspitze und Nagel des Zeigefingers sind eckig und kantig.	Hier liegen Persönlichkeiten vor, die sich viel beherrschen und ihre Form vor anderen Menschen wahren. Sie richten sich in ihrem Verhalten und ihren Taten meist strikt nach den Gesetzmäßigkeiten.
Konische Spitze 	Konische, schmaler werdende Fingerspitze und ebenso verlaufender Nagel, die abgerundet bis hin zu spitz sind.	Ein konischer Zeigefinger repräsentiert einen Charakter mit großem Einfühlungsvermögen auf geistiger und seelischer Ebene, der meist sehr sensibel ist und eine Neigung besitzt, sich materiell unterzuordnen. Er zeigt meist Interesse an Themen wie dem Glauben bis hin zum Okkultismus.

Der Mittelfinger – der Saturnfinger

Saturn ist jener Planet, der dem Mittelfinger zugeordnet wird. Dieser Finger ist der längste, den wir Menschen besitzen, und gibt uns Auskunft darüber, welche Eigenschaften des Trägers der Hand diesen im Leben wirklich weiterbringen. Doch gleichzeitig ist es wichtig für jeden von uns, immer wieder zurück zur eigenen Mitte zu finden, um wieder ins Gleichgewicht zu kommen, damit wir nicht aus der Balance geraten oder gar im Extremen leben. In diesem Fall kann es passieren, dass wir nicht vorankommen, sondern stürzen.

Form des Mittelfingers	Erkennungsmerkmale	Charaktereigenschaften
Starker Mittelfinger	Dieser Finger ist kräftiger und lang.	Diese Persönlichkeiten besitzen Ausdauer, Pflichtgefühl und Konzentration. Nur mit der nötigen Geduld können sie Hindernisse überwinden und im Leben vorankommen. Meist sind sie realitätsnah und materiell orientiert, haben ein starkes Rückgrat, sind aufrichtig, beharrlich und erfüllen ihre Pflichten. Um im Leben weiterzukommen, hilft das Fokussieren auf das Wesentliche.
Schwacher Mittelfinger	Hier liegt ein schwächlicher und kurzer Finger vor.	Diese Charaktere weisen einen Mangel an Verantwortungsgefühl auf. Sie neigen dazu, viele Projekte anzufangen, aber nur wenige zu beenden, denn meist mangelt es hier an Ausdauer und Durchsetzungskraft. Um im Leben weiterzukommen, sollte an der Sparsamkeit und dem Ernsthaften gearbeitet werden.

Der Ringfinger – der Apollofinger

Der Ringfinger wird auch Apollofinger genannt und ist jener Finger, der die Kreativität und die Schöpferkraft des Menschen thematisiert. Alle künstlerischen Fähigkeiten und Veranlagungen einer Persönlichkeit sind hier gespeichert, weshalb er dem Handleser Auskünfte über das Harmonievermögen und den Sinn des Menschen für Anmut, Ästhetik sowie Kunst geben kann. Auch über die Ausprägung von Eleganz und Charme verrät der Ringfinger etwas.

Form des Ringfingers	Erkennungsmerkmale	Charaktereigenschaften
Starker Ringfinger	Kräftig und länger als der Zeigefinger.	Diese Persönlichkeit legt den Fokus auf Kunst, weshalb die Gestaltung des eigenen Heims bedeutend ist. Sie besitzt viel Charme.
Schwacher Ringfinger	Kürzer als der Zeigefinger.	Diese Charaktere sind weniger elegant, denn sie legen keinen großen Wert auf das Äußere, bei sich selbst nicht und auch nicht bei ihren Mitmenschen. Sie besitzen keinen Sinn für Farben und meist mangelt es ihnen an Individualismus.

Der kleine Finger – der Merkurfinger

Für den kleinsten und letzten Finger an der Hand wird in der Kunst des Handlesens häufig auch der Begriff Merkurfinger gebraucht. Der kleine Finger repräsentiert die Beweglichkeit, die Eignung und das Bedürfnis zur Kommunikation des jeweiligen Trägers.

Form des kleinen Fingers	Erkennungsmerkmale	Charaktereigenschaften
Starker kleiner Finger	Kräftiger, langer Finger.	Persönlichkeiten, die immer aktiv und in Bewegung sind, viel unternehmen und immer unterwegs sind, können zu dieser Gruppe gezählt werden. Sie wollen vermeiden, dass ihnen etwas entgeht, und sie besitzen eine große Begierde nach Wissen, sodass sie dem neuen Wissen förmlich entgegenlaufen. Kommunikation steht meist ganz weit vorn, denn sie können gut mit Worten umgehen und sind redegewandt.
Schwacher kleiner Finger	Der kleine Finger ist schwächlicher und kurz.	Der Fokus liegt bei diesen Persönlichkeiten nicht so sehr auf dem Lernen neuer Dinge, denn manchmal fällt ihnen das Lernen auch schwer. Sie tendieren dazu, groß anzugeben, obwohl sie relativ wenig über das Thema Bescheid wissen, und besitzen oft einen Hang zum Bluffen, seltener sogar auch zum Notlügen oder Lügen.

Selbsttest

Nun sind Sie gefragt …

Nachdem Sie im vergangenen Kapitel etwas über die verschiedenen Formen der Finger und die Bedeutungen aller fünf Finger der Hand gelernt haben, lade ich Sie nun dazu ein, erneut eine Beobachtung Ihrer eigenen Hände durchzuführen, um weitere Erkenntnisse bezüglich Ihres Charakters zu gewinnen. Was verraten Ihnen Ihre Finger über sich?

1. Richten Sie sich dafür zunächst so ein, dass Sie die Tipps für die praktische Anwendung des Wissens aus dem Kapitel „Die Grundlagen der Handlesekunst" berücksichtigen.

- Die Lichtverhältnisse sollten stimmen.
- Betrachten Sie immer beide Hände.
- Bewegen Sie die Finger, um sie aus jedem Winkel betrachten zu können.
- Achten Sie auf die Details.

2. Betrachten Sie ausgiebig die Finger Ihrer beiden Hände. Nehmen Sie sich dafür genügend Zeit, damit Ihnen auch kein Merkmal entgeht. Achten Sie unter anderem auf folgende Details:

- Verhältnis der Finger zu der gesamten Hand
- Verhältnis der Finger zu den anderen Fingern
- Größe, Länge und Form der Finger
- Beweglichkeit der Finger
- Ausprägung der einzelnen Fingerglieder
- Stärke der Finger: kräftig oder eher schwächlich?
- Sichtbarkeit der Fingerknochen
- Form der Fingerspitzen und Fingernägel: spitz, konisch, eckig, spatelförmig, …?

3. Schreiben Sie Ihre Beobachtungen möglichst detailliert auf. Sollten Ihnen Unterschiede zwischen den Fingern der linken und der rechten Hand auffallen, vermerken Sie auch diese.

4. Nachdem Sie all diese Erkenntnisse in Betracht ziehen, welcher Form würden Sie Ihre Finger zuordnen? Nur in den seltensten Fällen kann ein Chirologe einen Menschen in eine einzige eindeutige Kategorie klassifizieren, weshalb Misch-

formen eher die Regel sind. Sollten Sie sich also nicht zwischen mehreren Formen entscheiden können, notieren Sie in jedem Fall alle in Frage kommenden Gruppen. Die Eigenschaften aller gewählten Formen werden höchstwahrscheinlich auf Sie zutreffen.

5. Nun widmen Sie sich erneut genau diesen Eigenschaften, wie in der Übung zuvor im Kapitel der Handformen. Lesen Sie dazu noch einmal die Textpassagen zu den Formen der einzelnen Finger, die auf Sie zutreffen, und schreiben Sie alle Eigenschaften in die linke Spalte der Tabelle im Notizbereich, mit denen Sie sich identifizieren können. In der rechten Spalte hingegen notieren Sie alle verbliebenden Merkmale, mit denen Sie sich nicht unbedingt beschreiben würden.

6. Reflektieren Sie Ihre Notizen analog zur Übung zu den Handformen.

- Befinden sich Charakterzüge in der Liste, die Sie scheinbar schon immer aufweisen, und welche, die Sie erst seit geraumer Zeit an sich wahrnehmen konnten?

- Gibt es möglicherweise Eigenschaften, die Sie überrascht haben, weil Sie erst jetzt erkannt haben, dass diese auf Sie zutreffen?

- Sind Sie auf Merkmale gestoßen, auf die Sie vielleicht bereits durch Freunde oder Verwandte aufmerksam gemacht wurden?

- Wenn Sie sich die rechte Spalte der Tabelle mit den Eigenschaften anschauen, die Sie eher nicht für sich zutreffend finden, können Sie dann Situationen oder Momente in Ihrem vergangenen Leben finden, bei denen Sie möglicherweise ebendiese Merkmale aufwiesen? Achten Sie darauf, gut darüber nachzudenken und ehrlich zu sich zu sein. Markieren Sie anschließend diese potentiell zutreffenden Charakterzüge in der rechten Spalte der Tabelle mit einem Sternchen (*), einem Textmarker oder kreisen Sie diese ein.

Ihre Notizen:

Welche Merkmale fallen Ihnen bei der Betrachtung Ihrer Finger auf?

____

____

Welche der oben genannten Fingerformen beschreiben Ihre Finger am besten? Sind diese im Verhältnis zum Handteller kurz, lang oder genauso lang? Sind sie krumm oder gerade? Welche Form besitzen Ihre Fingerspitzen und Fingernägel?

____

____

Bei der Betrachtung der einzelnen Finger, welche Form weisen diese auf?

Daumen:

____

Zeigefinger:

____

Mittelfin-
*ger:*____

Ringfinger:

____

Kleiner Finger:

____

Notieren Sie nun alle Merkmale, die den Fingerformen, die auf Sie zutreffen, zugeordnet werden können. Unterscheiden Sie dabei zwischen Eigenschaften, die Sie selbst an sich wahrnehmen können, und jenen, mit denen Sie sich nicht oder eher weniger identifizieren können.

Finger	Zutreffende Eigenschaften	Nicht zutreffende Eigenschaften
Daumen	- - -	- - -
Zeigefinger	- - -	- - -
Mittelfinger	- - -	- - -
Ringfinger	- - -	- - -
Kleiner Finger	- - -	- - -

DIE ZONEN DER HAND

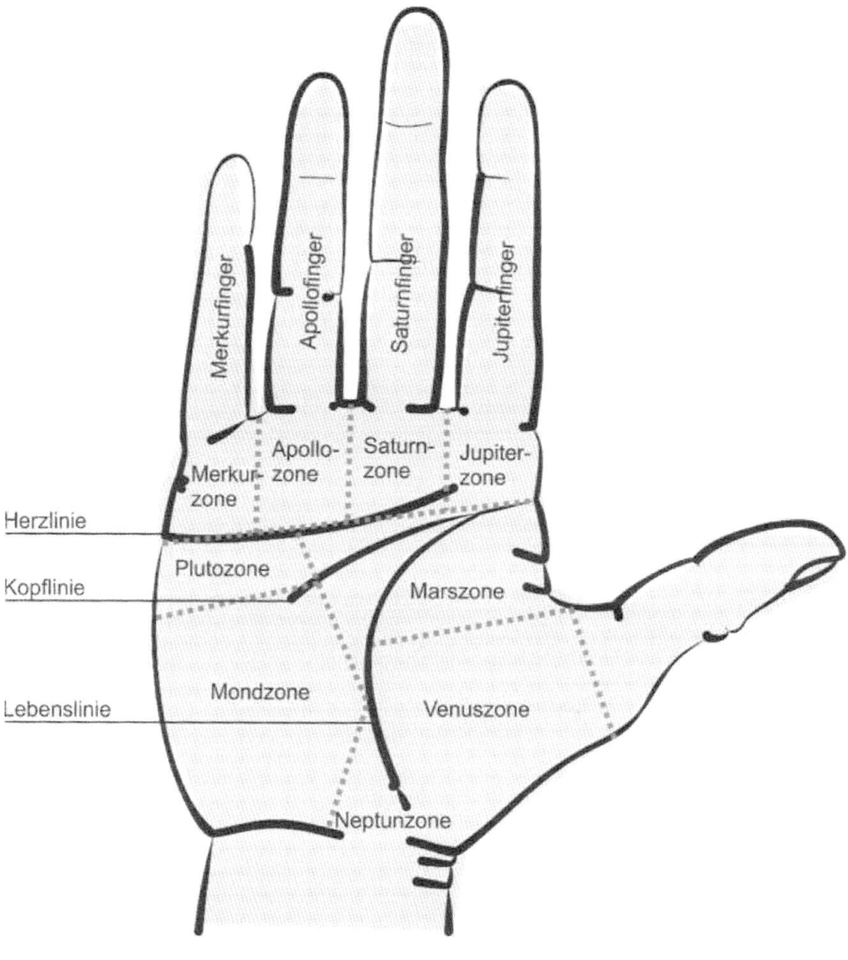

Neben der Form der Hand und der Finger spielen auch die unterschiedlichen Handzonen eine entscheidende Rolle bei der Beschreibung der Persönlichkeit eines Menschen im Rahmen des Handlesens. Aus diesem Grund richten wir nun unsere Aufmerksamkeit auf die Handinnenfläche.

Verschiedene Hügel und Berge können auf der Innenseite der Hände identifiziert werden. Es ist keineswegs eine plane Fläche ohne Erhöhungen und Vertiefungen, die keinerlei Charakter besitzt. Vielmehr sind die Zonen so verschieden, dass wir aus ihnen über unser Selbst lesen können, wobei jeder Bereich bestimmte Themen symbolisiert. Anhand dieser Unterscheidungen und der zu beobachtenden Ausprägungen der Erhöhungen können Aussagen zum Träger getroffen werden. Die Handberge repräsentieren bestimmte Talente und Wesenszüge, die, je voller und ausgeprägter der Hügel ist, umso stärker im Menschen vorhanden sind. Jede Erhöhung ist dabei mit ihren eigenen Begabungen und Eigenschaften verknüpft.

Wie schon bei den Fingern fällt auch hier auf, wie sehr die Kunst des Handlesens mit der Astrologie im Zusammenhang steht. Auch hier besteht eine Verbindung zwischen den einzelnen Planeten und den Zonen der Hand.

Die Venuszone: Lebenskraft, Gesundheit, Vitalität

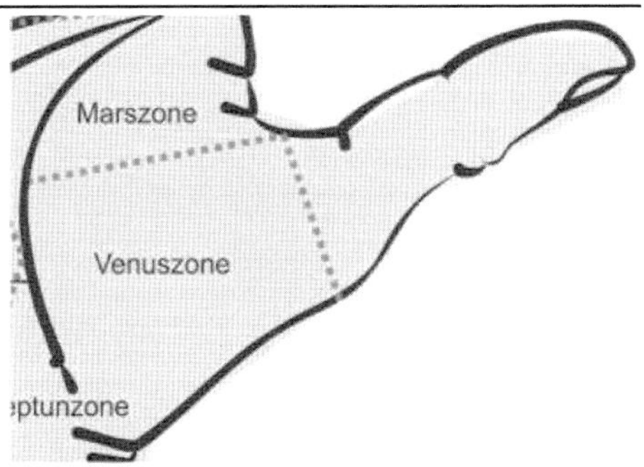

Die Venuszone beschreibt die großflächige Erhöhung an der Wurzel des Daumens, die von der Lebenslinie abgegrenzt wird. Die Talente und Wesenszüge, die der Hügel der Venus, der gleichzeitig der größte Berg in der Hand ist, repräsentieren, befassen sich mit der Lebenskraft, der Gesundheit und der Vitalität. Je nachdem, wie ausgeprägt der Berg bei Ihnen ist, können Sie etwas über ihren physischen, psychischen und energetischen Zustand erfahren. Doch auch die Themen Liebe, Sinnlichkeit und zwischenmenschliche Beziehungen werden hier am Daumenballen angesprochen.

Erkennungsmerkmale der Zone	Bedeutung
sehr ausgeprägt und **pralle** Erhöhung	Die Gesundheit des Trägers ist vermutlich sehr robust. Die Vitalität, die Triebkräfte, der Lebenswille und die Potenz sind stark vorhanden. Im Bereich der Leidenschaft, Herzlichkeit und Sinnlichkeit zeigt der Charakter eine ebenso große Ausprägung auf, weshalb er tendenziell sehr anziehend auf das andere Geschlecht wirkt und einen gewissen erotischen Magnetismus besitzt.
gut ausgeprägte Erhöhung	Hier deutet der gut geformte, aber wenig volle Hügel der Venus auf einen Wunsch nach Liebe, Verbundenheit und zwischenmenschlicher Beziehung hin. Auch das Gefallenwollen steht bei dieser Persönlichkeit im Vordergrund. Er betet Schönheit in jeglicher Form an. Es liegt ein Charakter vor, der viel Temperament besitzt, wie es besonders bei Musikern und Künstlern der Fall ist.
schwache und **wenig pralle** Erhöhung	Der kaum erkennbare Berg der Venus liegt besonders dicht an der Lebenslinie an und verweist auf einen Mangel an Lebensenergie. Der Charakter lässt sich von anderen antreiben, da er sich nicht entschließen kann und nicht wagemutig ist.
keine vorhandene Erhöhung	Ist die Venuszone nicht vorhanden, so deutet das auf einen Charakter hin, der als kaltherzig und gefühlsarm beschrieben werden kann und grundsätzlich eine romantische zwischenmenschliche Beziehung sowie das Konzept der Liebe ablehnt. Zudem ist er anfälliger für Krankheiten.

Weitere Interpretationsmerkmale sind die verschiedenen Linien auf der Venuszone.

Linien innerhalb der Zone	Bedeutung
Waagerechte Linien 	Waagerechte Linien deuten darauf hin, dass der Träger seine Gefühle wie Liebe oder Zuneigung, genauso wie Freude oder Wut, offen ausleben kann. Da er sich nicht zurückhält und Emotionen verdrängt, ist er grundsätzlich ausgeglichen und zeigt nur sehr selten Stimmungsschwankungen.
Senkrechte Linien 	Die senkrechten Linien stellen das Gegenüber der waagerechten Linien dar, was so viel bedeutet, dass diese Persönlichkeit Hemmungen besitzt, die sie davon abhält, ihre Gefühle auch anderen Menschen offen zu zeigen. In der Regel besitzt jeder Mensch senkrechte Linien, da die meisten von uns noch zögern, bevor sie einem Fremden ihre tiefsten Emotionen offenbaren. Deshalb ist es wichtig, genau hinzuschauen und die Anzahl der waagerechten im Verhältnis zu den senkrechten Linien zu identifizieren.
Gitter 	Die waagerechten und senkrechten Linien ergeben ein deutlich erkennbares Gitter, dessen einzelne Überschneidungspunkte die sogenannten Hemmpunkte ergeben. Diese repräsentieren die vorhandenen Ängste und Hemmungen, die, mit der Überwindung dieser, auch in Form der Knotenpunkte im Gitter wieder verschwinden.

Die Jupiterzone: Fähigkeiten, zu führen; Geltungstrieb

Die Zone des Jupiters befindet sich direkt unter dem Jupiterfinger, es ist also der Bereich an der Basis des Zeigefingers. Diese Erhöhung gibt Auskunft über die Begabungen und Charaktermerkmale bezüglich der Themen rund um den Wunsch und die Fähigkeit, zu führen, sowie den Geltungstrieb.

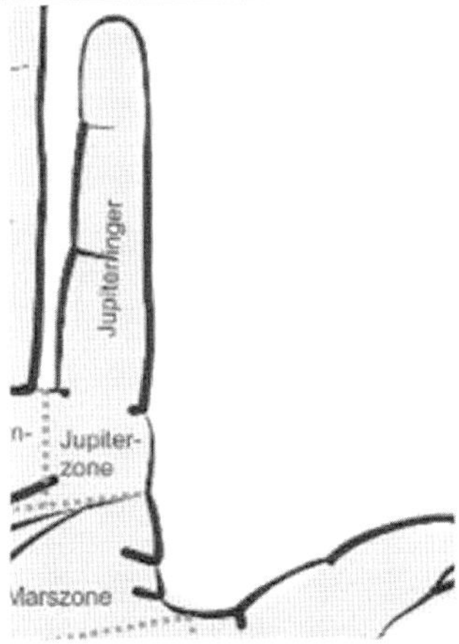

Erkennungsmerkmale der Zone	**Bedeutung**
sehr ausgeprägte und **pralle** Erhöhung	Der Charakter besitzt einen großen Wunsch nach der Dominanz über andere. Er möchte beherrschen und in sämtlichen Lebenslagen eine Führungsposition einnehmen. Karriere, harte Arbeit, Geld und Ansehen sind ihm sehr wichtig.
gut ausgeprägte Erhöhung	Diese Persönlichkeiten werden meist als arrogant beschrieben. Sie prahlen gern und neigen dazu, Neid zu entwickeln. Es kann passieren, dass sie häufig andere demütigen.
schwache, nicht vorhandene Erhöhung	Hier weisen die Beobachtungen auf ein Vorhandensein von Respektlosigkeit, Eigennutz und Berechnung hin. Die Fähigkeit, zu führen, ist nicht vorhanden, denn der Träger besitzt einen großen Stolz, Eitelkeit und neigt zu abweisendem Verhalten anderen gegenüber und zu Selbstherrlichkeit. Oft deutet diese Ausprägung der Jupiterzone darauf hin, dass die Persönlichkeit zwar auf Besitz-

	tum und Ansehen aus ist, diese Ziele aber bisher nicht erreichen konnte. Daraus resultieren Gefühle wie Frust, Enttäuschung und schlechte Laune. Schuldzuweisungen anderen gegenüber können die Folge sein.
Die Jupiterzone ist **nach unten verschoben**	Diese Verschiebung der Zone deutet darauf hin, dass der Betroffene häufig überstürzt Entscheidungen trifft, leicht korrumpierbar ist und seine Fähigkeit, die eigenen Ziele zu erreichen, nicht vorhanden ist.

Weitere Interpretationsmerkmale sind die verschiedenen Linien auf der Jupiterzone.

Linien innerhalb der Zone	**Bedeutung**
Stern	Ist ein deutlicher und perfekter Stern zu erkennen, ist der Charakter besonders sozial, gesellig und gastfreundlich, aber auch ehrgeizig sowie erfolgreich.
Dreieck	Ein unverkennbares, makelloses Dreieck weist auf eine Persönlichkeit mit fortschrittlichen und diplomatischen Fähigkeiten hin.
Gitter	Arroganz, Egoismus und ein Mangel an Mitgefühl sind die Eigenschaften, die ein Gitter auf dem Jupiterhügel repräsentieren.
Muttermal	Hier liegt vermutlich ein Problem in der Partnerschaft vor.
Kreis	Ein einflussreicher Charakter, der dank großer Bemühungen und Kooperation Führungspositionen einnehmen kann, könnte einen gut sichtbaren Kreis in dieser Zone aufweisen.
Kreuz	Ein Kreuz ist das Zeichen für eine Persönlichkeit, die wohlhabend und gebildet ist, wobei sie wohlüberlegt arbeitet und ihr Leben auf eine angenehme Art gestaltet. Innerhalb der Familie herrscht Frieden.

Die Saturnzone: Verantwortungsbewusstsein, Erfolg

Die Erhöhung des Saturns finden Sie unterhalb vom Mittelfinger und sie gibt an, in welcher Beziehung der Träger der Hand zu den Themen Verantwortungsbewusstsein, Ernsthaftigkeit und Erfolg steht. Gegebenenfalls spielen auch Einsamkeit, Entschlossenheit und die Suche nach der eigenen Wahrheit eine Rolle.

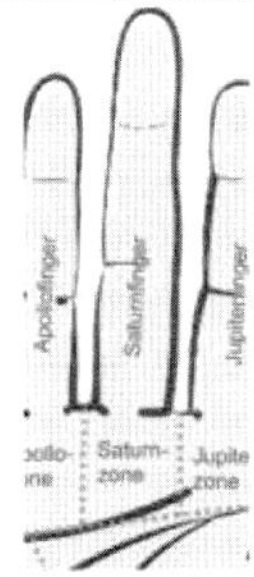

Erkennungsmerkmale der Zone	Bedeutung
sehr ausgeprägte und **pralle** Erhöhung	Menschen mit einer starken Saturnerhöhung sind meist schweigsam und verhalten sich defensiv. Starrheit, konservative Meinungen, Misstrauen und Unwilligkeit können vorherrschende Eigenschaften sein. Diese Charaktere zeigen dennoch Interesse an der Wahrheit, wobei sie sich jedoch eher introvertiert, distanziert und einsam geben.
gut ausgeprägte Erhöhung	Persönlichkeiten mit einem normalen Saturnhügel gelingt es, den Wunsch nach dem Allein sein mit dem Wunsch nach der Gesellschaft anderer in Balance zu bringen. Es liegt Treue, Umsicht, Beständigkeit, Ausgeglichenheit und Selbsterkenntnis vor. Gesunder Menschenverstand, Verantwortungsbewusstsein und Logik weisen ein perfektes Verhältnis auf.
schwache und **wenig pralle** Erhöhung	Der Mangel an Verantwortungsbewusstsein ist sehr präsent. Dieser Charakter ist meist unordentlich, oberflächlich und reflektiert sich selten selbst.
keine vorhandene Erhöhung	Fehlt der Berg des Saturns, zeigt das die Leichtfertigkeit der Persönlichkeit in der Sichtweise auf das Leben.

Weitere Interpretationsmerkmale sind die verschiedenen Linien auf der Saturnzone.

Linien innerhalb der Zone	Bedeutung
Willkürlich angeordnete Linien oder Gitter	Ungeordnete Linien ohne Muster weisen auf dem Saturnhügel auf Unglück des Trägers hin.
Stern	Ein eindeutiger Stern wird hingegen als ein gutes Zeichen gewertet.
Dreieck	Dies deutet auf ein tiefes Wissen über okkulte Themen hin.
Kreuz	Unfälle können bei diesem Zeichen häufiger auftreten. Auch Probleme bezüglich der Schwangerschaft und Kinder werden durch dieses Zeichen angedeutet.

Die Plutozone: Leidenschaft, Gefühle

Zwischen der Merkur- und der Mondzone auf der gegenüberliegenden Seite des Daumens ist der Hügel des Plutos gelegen. Hier liegt die Aufmerksamkeit auf den Themen Leidenschaft und Gefühle.

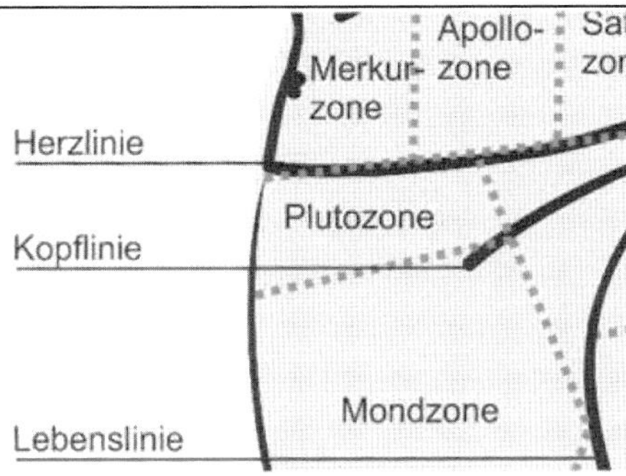

Erkennungsmerkmale der Zone	Bedeutung
sehr ausgeprägte und **pralle** Erhöhung	Eine übermäßige Erhöhung des Plutobergs zeigt, dass der Träger schlecht Hilfe von Mitmenschen erhalten kann. Manchmal wird er als unhöflich und verschwenderisch wahrgenommen.
schwache, nicht vorhandene Erhöhung	Menschen mit diesem Merkmal sind meist reizbar und oft unglücklich.

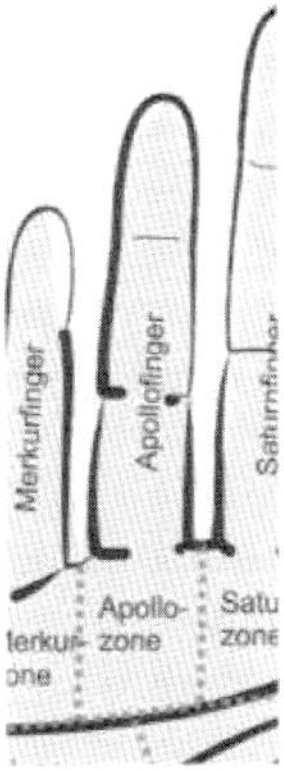

Die Apollozone: Kreativität, Emotionalität, Sinn für Ästhetik

Der Bereich des Apollos, der übrigens teilweise auch als Sonnenhügel bezeichnet wird, liegt direkt an der Wurzel des Ringfingers. Hier werden die Kreativität, die emotionale Bewegung sowie der Sinn für Ästhetik und Schönheit thematisiert. Erkenntnis, Heilung und Wahrheit finden ebenso ihre Aufmerksamkeit in dieser Zone.

Erkennungsmerkmale der Zone	Bedeutung
sehr ausgeprägte und **pralle** Erhöhung	Meist ist diese Persönlichkeit laut und sie wird schnell von ihren Mitmenschen als aufdringlich wahrgenommen.
schwache oder nicht definierbare Erhöhung	Dieser Charakter besitzt nur wenige Talente. Er ist geheimniskrämerisch und steht nicht gern im Mittelpunkt. Es ist nicht sein Wunsch, sich seiner Außenwelt zu stellen.
Die Apollozone ist **zur Merkurzone hin verschoben**	Dieses Merkmal weist darauf hin, dass der Träger eine besondere Hingabe zur Kunst entwickelt hat. Materiellen Erfolg erreicht er durch das Ausleben seiner künstlerischen Talente.
Die Apollozone ist **zur Saturnzone hin verschoben**	Kreativität liegt hier vor, doch sie ist auf den ersten Blick eher unauffällig. Die Stärke dieser Persönlichkeit liegt in der Ausdauer, mit der sie kreative Dinge schöpfen kann. Es liegt ihr ein großes Maß an Selbstanspruch zugrunde, denn Zufriedenheit kehrt erst mit dem Gefallen an dem Erschaffenen ein.

Weitere Interpretationsmerkmale sind die verschiedenen Linien auf der Apollozone.

Linien innerhalb der Zone	**Bedeutung**
Quadrat	Dieses Zeichen deutet auf eine sehr ausgeprägte künstlerische Fähigkeit des Trägers hin. Es kann vorkommen, dass dieser nicht einmal etwas von seinem Talent weiß oder frustriert darüber ist, dass er dieses nicht ausleben kann.

Die Merkurzone: Aufgeschlossenheit, Fähigkeit zur Kommunikation

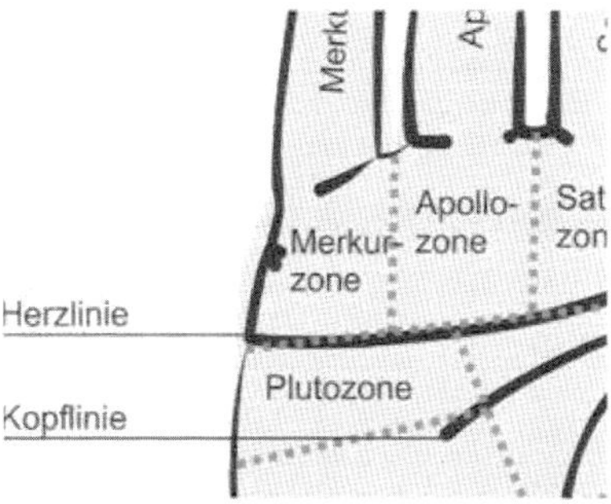

Sie können die Zone des Merkurs direkt unterhalb des kleinen Fingers lokalisieren. Hier geht es um die Thematiken rund um die Aufgeschlossenheit und die Fähigkeit zur Kommunikation. Die zentrale Bedeutung bei der Deutung des Merkurhügels liegt in der Interpretation des Verstandes und seiner Ausprägung.

Erkennungsmerkmale der Zone	**Bedeutung**
sehr ausgeprägte und **pralle** Erhöhung	Der übermäßig entwickelte Hügel des Merkurs deutet darauf hin, dass der jeweilige Charakter zu viel redet, aber dabei nicht immer die Wahrheit spricht. Gier treibt ihn vermutlich dazu an, viel Geld und materiellen Besitz haben zu wollen, auch wenn dies geschäftlichen Betrug nach sich zieht. Menschen mit diesem Merkmal können unzuverlässig, nervös, konzentrationsschwach und aufbrausend sein.
gut ausgeprägte Erhöhung	Persönlichkeiten, die einen gut ausgeprägten Berg des Merkurs besitzen, sind gewöhnlich schnell im Denken, dementsprechend klug, witzig und beredsam. Ihr Verstand arbeitet effizient, weshalb Logik, Geschick in psychologischer Hinsicht sowie Kommunikation kein Problem für sie darstellt. Diese Menschen können gut mit Geld umgehen und sich anpassen.
schwache oder nicht vorhandene Erhöhung	Dieses Merkmal bedeutet, dass der Charakter tendenziell eher schüchtern ist und nicht gut mit seinen Mitmenschen kommunizieren kann.

Hinweis: Die Merkurzone sollte stets mit der Kopflinie zusammen gedeutet werden, da diese Merkmale eng miteinander verbunden sind. Ist die Kopflinie lang und gut ausgeprägt, so werden die positiven Persönlichkeitseigenschaften sowie Erfolg verstärkt. Eine schwache und unregelmäßige Kopflinie hingegen fördert die negativen Charaktermerkmale und Erfolglosigkeit.

Weitere Interpretationsmerkmale sind die verschiedenen Linien auf der Merkurzone.

Linien innerhalb der Zone	Bedeutung
Quadrat	Das Quadrat innerhalb der Merkurzone verstärkt die Kommunikationsfähigkeit des betroffenen Menschen. Sein Mitteilungsbedürfnis ist stark ausgeprägt, was auch übertrieben werden kann. Zudem arbeitet sein Verstand so scharf, dass er problemlos komplizierte Themen erfassen und wiedergeben kann.

Die Mondzone: Fantasie, Intuition, Temperament in emotionaler und künstlerischer Hinsicht

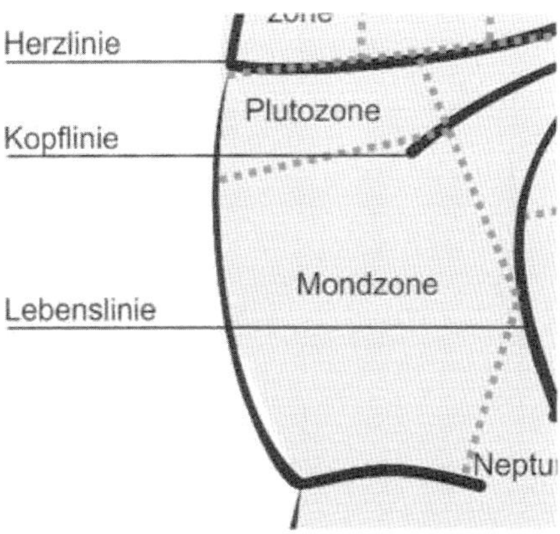

Der Bereich des Mondes liegt am unteren Teil der Hand, auf der gegenüberliegenden Seite des Daumens und neben der Venuszone. Hier liegen Themen verankert, die sich mit der Fantasie und Intuition, dem Temperament in emotionaler und künstlerischer Hinsicht, dem Idealismus, der Romantik und den Geheimnissen befassen. Es sind also die Träumereien, Bequemlichkeiten, aber auch die Gefühle, die hier angesprochen werden.

Erkennungsmerkmale der Zone	**Bedeutung**
sehr ausgeprägte und **pralle** Erhöhung	Ist die Mondzone überhöht, so scheint der Träger ein starkes Verlangen nach Geborgenheit zu besitzen. Auch eine gewisse Launenhaftigkeit ist ihm zu eigen.
gut ausgeprägte Erhöhung	Charaktere mit einer gut ausgeprägten Mondzone sind mit einer guten, natürlichen Intuition und einem hohen Einfallsreichtum gesegnet. Träumereien von Liebe und Freiheit sind nichts Ungewöhnliches, jedoch sind auch Schwankungen in den Stimmungslagen bis hin zu Depressionen möglich.
schwache und wenig pralle Erhöhung	Diese Persönlichkeiten vertreten häufig eine eher konservativ eingestellte Meinung, die nur wenig Originalität und Fantasie zulässt. Diese Menschen können nur schlecht abschalten, da der Verstand dominiert.

Weitere Interpretationsmerkmale sind die verschiedenen Linien auf der Mondzone.

Linien innerhalb der Zone	Bedeutung
Kreuz	Das Kreuz innerhalb der Mondzone deutet auf einen verträumten Charakter hin.
Kreis	Der Kreis verrät, dass der Träger besonders in literarischen Angelegenheiten talentiert ist.
Gitter	Ein Gitter weist auf eine Neigung zum Sich-Sorgen-Machen und auf Unzufriedenheit hin.

Die Marszone: Kampfgeist, Willensstärke, Mut, Umgang mit Konfrontation

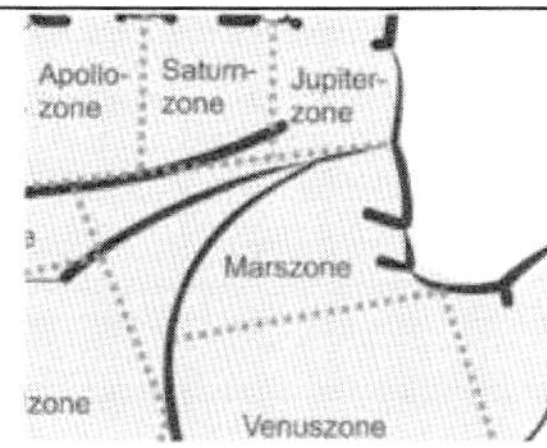

Der Bereich in der Innenfläche der Hand auf der Seite des Daumens zwischen der Jupiter-, Saturn-, Apollo- und der Venuszone wird durch den Planeten Mars repräsentiert. Diese Erhöhung ist gut sichtbar, wenn Sie die Hand flach ausstrecken und den Daumen bewegen. Der Kampfgeist, die Willensstärke und der Mut eines Menschen werden hier thematisiert, außerdem die Fähigkeit, wie eine Persönlichkeit mit Konfrontationen umgehen kann.

Erkennungsmerkmale der Zone	**Bedeutung**
gut ausgeprägte Erhöhung	Dieser Hügel ist so kräftig, dass Sie ihn auch ohne eine ausgestreckte Hand erkennen können. Er repräsentiert einen besonders starken Willen zur Durchsetzung, jedoch auch den Hang zur Aggression. Persönlichkeiten mit diesem Merkmal gehen Konflikten nicht aus dem Weg und lassen sich nichts gefallen. Das führt jedoch dazu, dass sie meist Dramen mit ihrem Mitmenschen führen.
schwache und **wenig pralle** Erhöhung	Zurückhaltung und die Vermeidung von Konflikten sowie Diskussionen sind die Merkmale einer Persönlichkeit mit einem flachen Marsberg. Harmonie besitzt einen großen Stellenwert in ihrem Leben, weshalb ihr Bedürfnis danach ein besonders großes Leiden hervorruft, wenn Missverständnisse und Streit auftreten.
keine vorhandene Erhöhung	Der fehlende Marshügel beschreibt harmoniebedürftige Charaktere, die jedoch mit dem nötigen Selbstbewusstsein ausgestattet sind, um anderen Menschen mitteilen zu können, wenn es ein Problem gibt. Sie besitzen zudem einen Sinn für Humor, weshalb sie auch über sich selbst lachen können, wenn ihnen ein kleiner Unfall passiert. Mit Schadenfreude hat das jedoch wenig zu tun.

Die Neptunzone: mystisches und übersinnliches Potential, Sinn für das Unbewusste

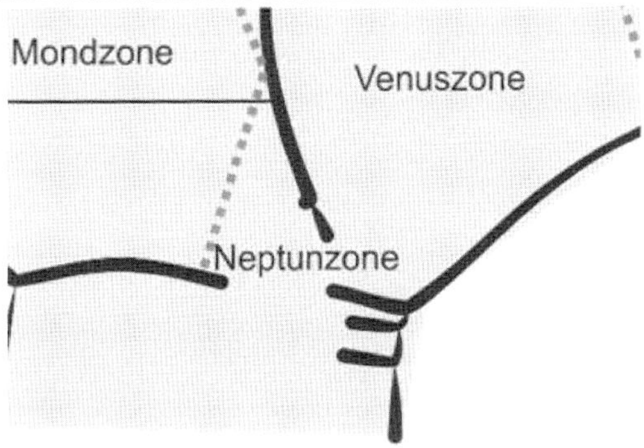

Der Bereich des Neptuns kann mittig auf der unteren Seite der Hand direkt über dem Handgelenk zwischen den Hügeln des Mondes und der Venus lokalisiert werden. Hier liegen das mystische und übersinnliche Potential sowie der Sinn für das Unbewusste, doch auch Sensibilität und Emotionen repräsentiert diese Zone.

Erkennungsmerkmale der Zone	Bedeutung
gut ausgeprägte Erhöhung	Der Charakter besitzt ein mediales Talent und einen guten Spürsinn für übersinnliche Dinge, die sich zum Beispiel in der Vorahnung von gewissen Ereignissen zeigen.
schwache und **wenig pralle** Erhöhung	Eine flache Erhöhung des Berges des Neptuns bedeutet, dass die Persönlichkeit vermutlich ängstlich, zurückhaltend, kränklich bis hin zu scheu und irreal sein kann. Wenn sie sich zu sehr aus der Realität entfernt, wird sie sich in eine Art Traumwelt flüchten.

Selbsttest

Nun sind Sie gefragt ...

Nachdem Sie im vergangenen Kapitel etwas über die verschiedenen Zonen der Hand gelernt haben, lade ich Sie nun erneut dazu ein, eine Beobachtung Ihrer eigenen Hände durchzuführen, um weitere Erkenntnisse bezüglich Ihres Charakters zu gewinnen. Welche Bereiche sind bei Ihnen besonders ausgeprägt und welche eher weniger?

1. Richten Sie sich dafür zunächst so ein, dass Sie die Tipps für die praktische Anwendung des Wissens aus dem Kapitel „Die Grundlagen der Handlesekunst“ berücksichtigen.

- Die Lichtverhältnisse sollten stimmen.
- Betrachten Sie immer beide Hände.
- Bewegen Sie die Finger, um sie aus jedem Winkel betrachten zu können.
- Achten Sie auf die Details.

2. Betrachten Sie ausgiebig die Innenflächen Ihrer beiden Hände und identifizieren Sie anhand der oben genannten Lagebeschreibungen die Zonen Ihrer Hände. Nehmen Sie sich dafür genügend Zeit, damit Ihnen auch kein Merkmal entgeht. Achten Sie unter anderem auf folgende Details:

- Ausprägung und Lage der Zonen
- Erhöhung: stark ausgeprägt, gut entwickelt, schwach oder nicht vorhanden?
- Zeichen und Symbole innerhalb der Zonen
- Linien in den Bereichen: waagerecht, senkrecht oder gitterförmig?

3. Schreiben Sie Ihre Beobachtungen möglichst detailliert auf. Wenn Unterschiede zwischen der linken und der rechten Seite bestehen, notieren Sie diese.

4. Ordnen Sie dem Verlauf und der Ausprägung Ihrer Zonen die jeweiligen Charakterzüge zu, die im Kapitel weiter oben genannt wurden. Nun widmen Sie sich genau diesen Eigenschaften, indem Sie alle Eigenschaften in der linken Spalte der Tabelle im Notizbereich festhalten, mit denen Sie sich identifizieren können. In der rechten Spalte hingegen notieren Sie alle verbliebenen Merkmale, mit denen Sie sich nicht unbedingt beschreiben würden.

5. Reflektieren Sie Ihre Notizen analog zu den Übungen, die Sie bereits ausgeführt haben.

- Befinden sich Charakterzüge in der Liste, die Sie scheinbar schon immer aufweisen, und welche, die Sie erst seit geraumer Zeit an sich wahrnehmen konnten?

- Gibt es möglicherweise Eigenschaften, die Sie überrascht haben, weil Sie erst jetzt erkannt haben, dass diese auf Sie zutreffen?

- Sind Sie auf Merkmale gestoßen, auf die Sie vielleicht bereits durch Freunde oder Verwandte aufmerksam gemacht wurden?

- Wenn Sie sich die rechte Spalte der Tabelle mit den Eigenschaften anschauen, die Sie eher nicht für sich zutreffend finden, können Sie dann Situationen oder Momente in Ihrem vergangenen Leben finden, bei denen Sie möglicherweise ebendiese Merkmale aufwiesen? Achten Sie darauf, gut darüber nachzudenken und ehrlich zu sich zu sein. Markieren Sie anschließend diese potentiell zutreffenden Charakterzüge in der rechten Spalte der Tabelle mit einem Sternchen (*), einem Textmarker oder kreisen Sie diese ein.

Ihre Notizen:
Welche Beobachtungen fallen Ihnen bezüglich Ihrer Handzonen auf? Welche Ausprägungen besitzen sie?

Notieren Sie nun alle Merkmale, die den Ausprägungen Ihrer Handzonen, die auf Sie zutreffen, zugeordnet werden können. Unterscheiden Sie dabei zwischen Eigenschaften, die Sie selbst an sich wahrnehmen können, und jenen, mit denen Sie sich nicht oder eher weniger identifizieren können.

Zone	Zutreffende Eigenschaften	Nicht zutreffende Eigenschaften
Venuszone	--	--
Jupiterzone	--	--
Saturnzone	--	--
Apollozone	--	--
Merkurzone	--	--
Mondzone	--	--
Marszone	--	--
Plutozone	--	--
Neptunzone	--	--

DIE VERSCHIEDENEN HAUPTHANDLINIEN

Dass wir unsere Hände tagtäglich, ja, sogar fast jeden Moment gebrauchen, ist so normal für uns, dass wir nur selten wirklich bewusst auf diese schauen. Wir halten ihre Arbeit für alltäglich und die Muster und Linien für willkürliche Furchen, die der Zufall auf unseren Händen anordnete. Wir glauben, dass dort keine Wichtigkeit dahintersteckt, denn wir halten sie für zu klein und unbedeutend, als sie eine Bedeutung besitzen könnten. Die Handlinien eröffnen jedoch überraschenderweise eine Vielfalt an Informationen, die unseren Charakter erstaunlicherweise exakt beschreiben können. Wenn Sie sich selbst aus den Händen lesen möchten, stellen die Handlinien unverzichtbare Merkmale zur Persönlichkeitsbeschreibung dar, die analysiert und interpretiert werden können.

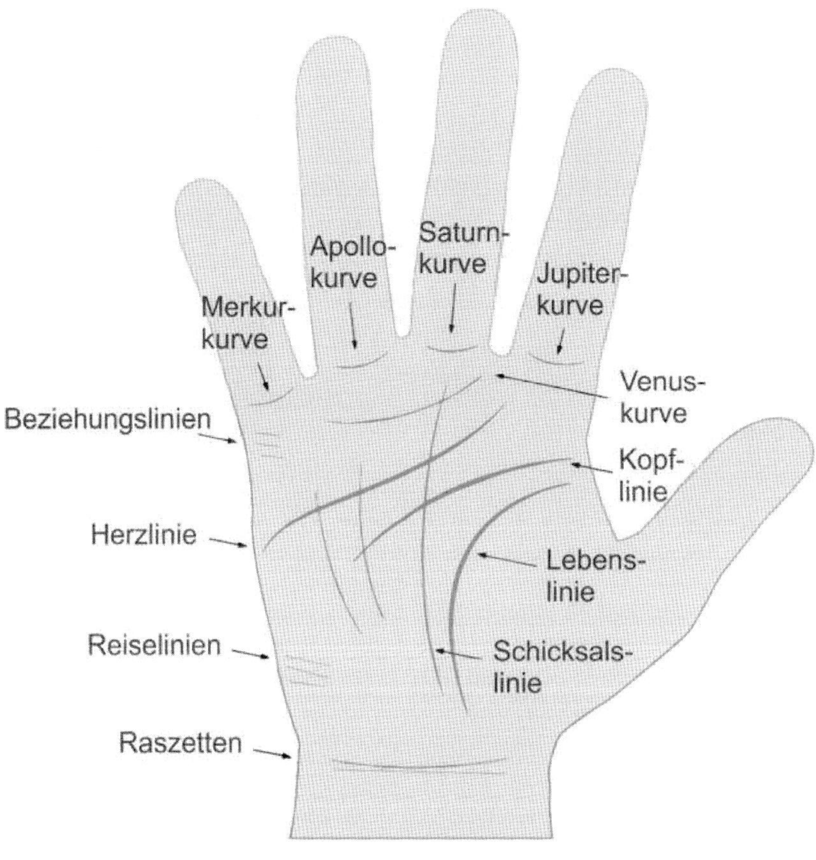

Die Lebenslinie

Die erste Hauptlinie, die wir uns anschauen wollen, ist die Lebenslinie, die zwischen dem Daumen und dem Zeigefinger anfängt und sich von dort aus in einem weiten Bogen um die Venuszone entlangzieht, bevor sie zum Handgelenk herabsteigt. Die Lebenslinie repräsentiert Vitalität, Gesundheit, Wohlbefinden und Lebensqualität. Sie liefert Aussagen über Erfolge und Chancen im Leben, aber auch über Probleme, die sich in gesundheitlicher Hinsicht, ob physisch oder psychisch, zeigen können. Bestimmte Veranlagungen und Erkrankungen werden durch diese Hauptlinie angegeben, ebenso wie ein Anstieg von Lebenskraft und körperlichem wie geistigem Wohlbefinden.

Dass man anhand der Lebenslinie die Länge des eigenen Lebens ablesen kann, ist übrigens ein Irrglaube, der nichts mit der Kunst des Handlesens gemein hat. Der Tod kann also nicht vorausgesagt werden. Das Deuten der Lebenskraft und des eigenen Glücks im Leben hingegen ist möglich, denn das sind unter anderem Themen, mit denen sich die Lebenslinie beschäftigt.

Diese Furche kann, wie auch alle anderen Handlinien, anhand ihrer Lage, ihres Verlaufes und ihrer Ausprägung interpretiert werden. Da wir jedoch noch detaillierter auf diese Linie eingehen möchten, wird ihr ein eigenes Kapitel gewidmet.

Die Herzlinie

An der äußeren Handkante gegenüber des Daumens beginnend startet die Herzlinie und setzt sich nach oben gebogen in die Richtung des Zeigefingers fort. Bei der Herzlinie geht es ganz um den Kontakt zu anderen Menschen, die Liebe, die Partnerschaft und die Gefühlsebene. Sie gibt Aufschluss darüber, wie viel Glück ein Mensch in Sachen zwischenmenschlicher Beziehung mitbringt, ob er sich von seinen Gefühlen leiten lässt und ob der Hang zur Untreue besteht. Der vorhandene Grad von Ethik, Mitgefühl, spirituellem Denken und Herzlichkeit werden hier ausgedrückt. Die Herzlinie erlaubt auch Rückschlüsse auf die Sexualität und die Einstellung, die wir gegenüber unserem Partner besitzen. Zudem liegen hier alle Gefühle, bereits geführten Beziehungen und emotional schmerzlichen Erfahrungen aus der Vergangenheit gespeichert offen vor uns. Sind Sie leidenschaftlich und temperamentvoll? Haben Sie mit Eifersucht und aufbrausenden Gefühlen zu kämpfen? Lesen Sie die Zeichen der Herzlinie und erhalten Sie die Antworten auf Ihre Fragen.

Verlauf und Ausprägung der Haupthandlinie	Bedeutung
lang und harmonisch geformt	Dieses Merkmal bedeutet, dass der Träger ein mitfühlender, gefühlvoller und sozialer Mensch ist. Er ist warmherzig, ehrlich und treu.
kurz und wenig bis nicht ausgeprägt	Eine wenig vorhandene Herzlinie steht allerdings für eine Persönlichkeit, die keine tieferen Gefühle für andere Mitmenschen hegt und allgemein Emotionen kaum bis gar keine Bedeutung schenkt. Sie ist unzufrieden mit seiner Gefühlssituation und leidet vermutlich darunter sogar. Egoismus kann hier zu einem Problem werden.
geringer Abstand zur Kopflinie	Je kürzer der Abstand zwischen der Herzlinie und der Kopflinie ist, desto mehr regiert der Verstand anstelle der Gefühle.
tief gefurcht und kräftig rot gefärbt, klar und eindeutig geformt und endet unter dem Zeigefinger	Die Tiefe und Röte der Herzlinie weist auf einen Menschen mit tiefer Leidenschaft, großem Herzen und einem intensiven Liebesleben hin. Die Beziehungen sind umso glücklicher, je klarer und eindeutiger diese Hauptlinie geformt ist. Liegt das Ende unterhalb des Zeigefingers, ist die Persönlichkeit zudem sehr empfindsam.
gerade, ist sehr tief gefurcht und sehr lang	Diese Merkmale in Kombination deuten auf einen von Eifersucht geplagten Charakter hin. Je länger die Herzlinie ist, desto mehr lässt er sich von seinen Emotionen steuern.
Unterbrechungen	Komplizierte Beziehungen und Trennungen werden durch Unterbrechungen der Linie symbolisiert.
Verästelungen	Verästelungen weisen auf einen Menschen hin, der aufgrund seiner hohen Ansprüche an seinen Partner und der daraus resultierenden Unzufriedenheiten die Beziehungen häufiger wechselt.

gebrochen	Eine Persönlichkeit ist besonders empfindsam, was sich durch eine gebrochene Herzlinie zeigt.
kurviger Verlauf	Die Kurven der Herzlinie zeigen die Offenheit eines Menschen bezüglich seiner Emotionen und auch, dass dieser sich keineswegs dafür schämt, sie zu zeigen. Er weiß genau, was er will, und zögert nicht, den ersten Schritt zu wagen. Diese Persönlichkeiten sind romantisch, leidenschaftlich und kuscheln gern, benötigen aber auch lange und tiefsinnige Gespräche. Eitelkeit könnte jedoch zu einem Problem werden, wenn sie nicht nur auf ihr eigenes perfektes Aussehen achten, sondern auch nach einem attraktiven Partner Ausschau halten.
geradliniger Verlauf	Dieser Umstand hingegen repräsentiert einen Charakter, der nur wenig von seiner inneren Welt preisgibt und seine Emotionen bevorzugterweise stets unter Kontrolle hält. Er wird als sehr vernünftig beschrieben, jedoch liegt unterschwellig meist Schüchternheit vor, die diesen Menschen davon abhält, andere zuerst anzusprechen. Vorsicht und Zurückhaltung bewahren sie nur scheinbar vor Zurückweisungen und Enttäuschungen, vor denen sie sich fürchten. Haben Sie sich jedoch einmal geöffnet, so entpuppen sie sich als sehr treue, zuverlässige und erfolgreiche Menschen.
stark und eindeutig ausgeprägt	Partnerschaften sind in diesem Fall dem Träger sehr wichtig.
gabelt sich am Ende unter den Fingern	Menschen, die dieses Merkmal besitzen, haben sehr viel Glück, denn sie sind nicht nur Meister ihres Verstandes, sondern auch ihrer Gefühle. Sie sind einfühlsam, treu, manchmal jedoch auch ein wenig eifersüchtig und überzeugen stets mit guten Ideen zur Lösung eines Problems.

kurz, gerade und endet bereits unterhalb des Mittelfingers	Dieser Charakter wählt bevorzugt einen Partner mit einem großen Intellekt. Gefühle spielen hier zwar auch eine Rolle, dennoch überwiegt der Verstand – Kopf vor Herz.
endet auf dem Berg des Jupiters	Persönlichkeiten, die dieses Merkmal aufweisen, sind sehr emotional und neigen dazu, sich sehr schnell in jemanden zu verlieben. Ist dies geschehen, bleiben sie auch dabei und verweilen für eine lange Zeit in ihren romantischen Emotionen. Jedoch sind diese Menschen auch sehr verletzlich und ziehen sich meist sofort beleidigt zurück, sobald sie nur ein bisschen enttäuscht werden.
endet zwischen dem Zeige- und Mittelfinger	Auch hier spielt Emotionalität eine große Rolle und sie tendieren dazu, leicht in Tränen auszubrechen. Warmherzigkeit und das Geben von Geschenken zeichnen sie aus und das, obwohl sie sich eher zurückhalten und sehr ungern im Mittelpunkt stehen.
endet unterhalb des Zeigefingers	Anhänglichkeit, Treue und Gutmütigkeit prägen Charaktere, deren Herzlinie unter dem Zeigefinger endet. Sie sind stets auf Harmonie bedacht und vermeiden Konflikte. Sie würden immer lieber die romantischen Stunden zu zweit den wilden Partys vorziehen und benötigen meist einen kleinen Anstupser von außen, um in Bewegung zu kommen und Dinge zu unternehmen.
kreuzt sich mit der Lebenslinie	Dieses Merkmal deutet auf Enttäuschungen und Herzschmerz innerhalb der Liebesbeziehung hin.
fehlt vollständig	Eine fehlende Herzlinie repräsentiert eine mangelnde Gefühlswelt, weshalb diese Persönlichkeiten klar von ihrem Verstand gesteuert werden.

Die Kopflinie

Die Kopflinie beginnt zwischen dem Daumen und dem Zeigefinger und erstreckt sich waagerecht über die Innenfläche der Hand. Sie liegt unter der Herzlinie und verläuft teilweise fast parallel zu dieser.

Die Intelligenz, die persönliche Einstellung, Fantasie und Kreativität eines Charakters werden durch die Kopflinie wiedergegeben. Aber auch die Rationalität, Konzentrationsfähigkeit, die Denkprozesse, die Lernfähigkeit, geistige Begabungen, der Intellekt sowie die Nutzung des eigenen Verstandes eines Menschen können anhand dieser Hauptfurche auf der Hand abgelesen werden. Ist die Persönlichkeit ein analytischer Denker oder versinkt sie gedanklich gern in einem kreativen Chaos? Kann sie sich gut Dinge merken oder mangelt es ihr an Konzentrationsvermögen? Wird sie als gefühlsbetont wahrgenommen oder bleibt sie stets rational? Diese und weitere Fragen bezüglich der allgemeinen geistigen Fähigkeiten und der Verstandeskräfte eines Menschen beantwortet die Kopflinie.

Verlauf und Ausprägung der Haupthandlinie	Bedeutung
tiefe Furche	Dieses Merkmal steht für einen Charakter, der mit einer hohen Intelligenz und einem großartigen Vermögen zur Konzentration gesegnet ist. Er ist diszipliniert, fleißig und zielstrebig, wobei dieser Mensch zudem schnell komplexe Zusammenhänge begreift und Herausforderungen bewältigen kann.
schwach ausgeprägt	Die Schwäche in der Ausprägung der Kopflinie spiegelt auch die Schwäche des Gedächtnisses wider, denn Persönlichkeiten mit diesem Merkmal können sich nur schlecht Dinge merken.
gerade	Eine gerade Kopflinie lässt auf einen Menschen schließen, der sowohl rationell denkt als auch entsprechend handelt.

Verästelungen oder stellenweise **gebrochen**	Kreativität und besondere Schöpferkraft werden durch Abzweigungen oder Brüche in der Linie symbolisiert. Diese deuten jedoch auch darauf hin, dass die Persönlichkeit sprunghaft ist und nicht selten ihre Ansichten ändert.
lang	Die Länge der Kopflinie steht allgemein für Erfolg im Leben.
gerade, **kurz** und **endet unter dem Mittelfinger**	Diese Kombination von Merkmalen weist auf eine praktische Veranlagung des Trägers hin. Er ist stets auf Sicherheit aus, jedoch zieht das auch eine mögliche Engstirnigkeit und eine verminderte Intelligenz mit sich.
kurviger Verlauf	Kreativität und zahlreiche Talente sind für diesen Charakter ein Geschenk, allerdings lässt er sich auch schnell von anderen Dingen ablenken.
Kreise oder **Kreuze**	Diese Formen auf der Linie repräsentieren Traumata und Rückschläge in der Vergangenheit.
verläuft nach oben	Dieser Umstand weist auf einen rationalen, aber eher langweiligen Verstand hin.
verläuft nach unten	Dieser Verlauf hingegen zeigt die Fantasie und die vielen Ideen, die in dem jeweiligen Menschen stecken. Außerdem ist dieser in der Lage, seine Pläne mit viel Verstand in die Realität umzusetzen.
beginnt an demselben Punkt wie die Lebenslinie	Derselbe Ausgangspunkt von Kopf- und Lebenslinie bedeutet, dass die rationale Denkweise in diesem Charakter sehr stark ausgeprägt ist, sodass sich dieser gar nicht oder nur sehr selten von seinem Bauchgefühl lenken lässt.

Die Schicksalslinie

Vom Handgelenk über die Innenfläche der Hand bis hinauf zum Mittelfinger verläuft die vertikale Schicksalslinie.

Die Schicksalslinie erlaubt dem Handleser, Rückschlüsse zum persönlichen Werdegang, der beruflichen Laufbahn und zu Erfolgen im Leben des jeweiligen Menschen zu ziehen. Die Eigenschaften Durchhaltevermögen und Zielstrebigkeit werden bei dieser Hauptlinie thematisiert. Es geht um die Einschätzung, ob die Persönlichkeit die Dinge lieber auf sich zukommen lässt oder aktiv in die Planung im Voraus geht, außerdem, ob sie häufig ihre Meinung ändert oder an ihren einmal gemachten Entscheidungen standhaft festhält, komme, was wolle. Die Schicksalslinie beschreibt den Umgang des Menschen mit seinen Fähigkeiten und Talenten und das Bewusstsein, mit dem er sein Leben angeht. Wie ausgeprägt ist das Verantwortungsbewusstsein des Menschen und wie groß ist seine Disziplin? Wie steht es um seine Kontinuität und die Beharrlichkeit im Hinblick auf das Erreichen seiner Wünsche und Ziele?

Verlauf und Ausprägung der Haupthandlinie	**Bedeutung**
klar und tief gefurcht	Eine eindeutige und tiefe Furche deutet auf Erfolg in beruflicher Hinsicht. Dieser Mensch weiß genau, was er will und mit Zielstrebigkeit arbeitet er auf das hin, was gut für ihn ist.
unterbrochen	Diese Unterbrechungen zeigen Höhen und Tiefen in der beruflichen Karriere des betroffenen Charakters an.
gedoppelt	Die Dopplung der Linie steht für eine doppelte Anzahl des Berufes oder des Studiums.
Lücken	Veränderungen im Leben eines Menschen, oder konkreter im Beruf, werden durch Lücken in der Schicksalslinie angezeigt.
stark ausgeprägt und breit	Dieser Umstand bedeutet, dass das Leben des Charakters besonders stark von seinem Schicksal beeinflusst wird.

kreuzt sich mit dem Verlauf der Lebenslinie	Eine Kreuzung mit der Lebenslinie deutet darauf hin, dass für den Träger der Schicksalslinie die Unterstützung durch seine Mitmenschen eine besonders große Rolle in seinem Leben spielt.
mittig durch andere Handlinien	Die Kreuzung mit anderen Linien symbolisiert, dass der Mensch seine eigenen Bedürfnisse, Ziele und Wünsche zurückstellt, wenn seine Mitmenschen dadurch einen Vorteil haben.
besonders **lang**	Dieses Merkmal weist auf einen Charakter hin, der bereits in jungen Jahren auf seinen eigenen Beinen stehen musste.
beginnt und endet in der Handmitte	Diese Hauptlinie ist recht kurz und zeigt eine gewisse Ziellosigkeit der Persönlichkeit an. Meist beginnt sie viele Projekte, beendet sie jedoch nicht, was häufig Unzufriedenheit hervorruft. Jedoch bedeutet es nicht, dass sie niemals weiß, was sie will, doch es benötigt bei diesem Charakter einfach mehr Zeit.
kaum oder gar nicht sichtbar oder vorhanden	Eine kaum sichtbare oder nicht vorhandene Schicksalslinie beschreibt einen Menschen, der sich nur ungern auf bestimmte Dinge festlegt, denn er lässt sich viel lieber ziellos treiben und bevorzugt es, das Leben auf sich zukommen zu lassen.

Selbsttest

Nun sind Sie gefragt ...

Nachdem Sie im vergangenen Kapitel etwas über die verschiedenen Hauptlinien gelernt haben, lade ich Sie nun erneut dazu ein, eine Beobachtung Ihrer eigenen Hände durchzuführen, um weitere Erkenntnisse bezüglich Ihres Charakters zu gewinnen. Welche Linien sind bei Ihnen vorhanden und wie zeigen diese sich?

1. Richten Sie sich dafür zunächst so ein, dass Sie die Tipps für die praktische Anwendung des Wissens aus dem Kapitel „Die Grundlagen der Handlesekunst" berücksichtigen.

- Die Lichtverhältnisse sollten stimmen.
- Betrachten Sie immer beide Hände.
- Bewegen Sie die Finger, um sie aus jedem Winkel betrachten zu können.
- Achten Sie auf die Details.

2. Betrachten Sie ausgiebig die Innenflächen Ihrer beiden Hände und identifizieren Sie anhand der oben genannten Lagebeschreibungen die Haupthandlinien Ihrer Hände. **Ignorieren Sie zunächst Ihre Lebenslinie, da wir diese in einem gesonderten Kapitel noch detaillierter bearbeiten werden.** Nehmen Sie sich dafür genügend Zeit, damit Ihnen auch kein Merkmal entgeht. Achten Sie unter anderem auf folgende Details:

- Vorhandensein der Hauptlinien
- Verlauf der Furchen: gerade, kurvig, unterbrochen, nach oben oder unten geschwungen, ...?
- Länge der Linien: lang oder kurz?
- Anfangs- und Endpunkte
- Tiefe und Färbung der Falten
- Lage der Hauptlinien zueinander

3. Schreiben Sie Ihre Beobachtungen möglichst detailliert auf, für die Handlinien der linken und der rechten Hand.

4. Ordnen Sie dem Verlauf und der Ausprägung Ihrer Hauptlinien die jeweiligen Charakterzüge zu, die im Kapitel weiter oben genannt wurden. Nun widmen Sie sich genau diesen Eigenschaften, indem Sie alle Eigenschaften in der linken Spalte der Tabelle im Notizbereich festhalten, mit denen Sie sich identifizieren können. In der rechten Spalte hingegen notieren Sie alle verbliebenen Merkmale, mit denen Sie sich nicht unbedingt beschreiben würden.

5. Reflektieren Sie Ihre Notizen analog zu den Übungen, die Sie bereits ausgeführt haben.

- Befinden sich Charakterzüge in der Liste, die Sie scheinbar schon immer aufweisen, und welche, die Sie erst seit geraumer Zeit an sich wahrnehmen konnten?

- Gibt es möglicherweise Eigenschaften, die Sie überrascht haben, weil Sie erst jetzt erkannt haben, dass diese auf Sie zutreffen?

- Sind Sie über Merkmale gestoßen, auf die Sie vielleicht bereits durch Freunde oder Verwandte aufmerksam gemacht wurden?

- Wenn Sie sich die rechte Spalte der Tabelle mit den Eigenschaften anschauen, die Sie eher nicht für sich zutreffend finden, können Sie dann Situationen oder Momente in Ihrem vergangenen Leben finden, bei denen Sie möglicherweise ebendiese Merkmale aufwiesen? Achten Sie darauf, gut darüber nachzudenken und ehrlich zu sich zu sein. Markieren Sie anschließend diese potentiell zutreffenden Charakterzüge in der rechten Spalte der Tabelle mit einem Sternchen (*), einem Textmarker oder kreisen Sie diese ein.

Ihre Notizen:

Welche Beobachtungen fallen Ihnen bezüglich Ihrer Haupthandlinien auf? Sind bestimmte Besonderheiten vorhanden? Welche Unterschiede existieren zwischen der linken und der rechten Hand? Welche Ausprägungen besitzen Ihre Hauptfurchen?

Notieren Sie nun alle Merkmale, die den Fingerformen, die auf Sie zutreffen, zugeordnet werden können. Unterscheiden Sie dabei zwischen Eigenschaften, die Sie selbst an sich wahrnehmen können, und jenen, mit denen Sie sich nicht oder eher weniger identifizieren können.

Finger und	**Zutreffende Eigenschaften**	**Nicht zutreffende Eigenschaften**
Herzlinie	- -	- -
Kopflinie	- - -	- - -
Schicksalslinie	- -	- -

BEGABUNGSZEICHEN

Neben den Handlinien, Zonen und Erhöhungen auf den Handinnenflächen zeigen sich manchmal auch weitere Zeichen, die durch ihre Erkennungsmerkmale herausstechen. Die sogenannten Begabungszeichen geben wieder, was ein Mensch tun sollte, damit er sich wohl fühlt. Es ist wichtig, dass die hier angedeuteten Informationen im Leben des betroffenen Charakters integriert werden, denn sie tragen dazu bei, dass sich Harmonie einstellt. Werden diese Aspekte allerdings nicht ausgelebt, entstehen Konflikte, denn es gibt Dinge, die wir einfach tun müssen, weil wir genau dafür geschaffen wurden.

Oft sind sie sehr klein und somit nur schwer zu erkennen, weshalb der Handleser immer sehr aufmerksam nach den Details Ausschau halten muss. Nicht jeder Mensch besitzt diese Begabungszeichen, manche hingegen haben nur eines oder zwei, andere wiederum haben mehrere. Außerdem kommt es bei der Deutung darauf an, wo sich das Zeichen befindet, denn hier ist die Kombinationsgabe des Interpreten gefragt. Zudem kommen und gehen diese Merkmale, wie auch die restlichen Furchen auf der Hand. Immer dann, wenn ein Thema erledigt ist oder etwas nicht mehr relevant ist, verschwindet auch das dazugehörige Zeichen, das dieses repräsentierte. So können Sie sich sicher sein, dass, wenn Sie ein Begabungszeichen auf Ihrer Hand entdecken, dieses auch in Ihrem Leben derzeit aktuell ist. Hier lohnt es sich, genauer hinzuschauen.

Begabungszeichen	Erkennungsmerkmale	Bedeutung
Dreieck	Ein Dreieck ergibt sich aus drei Furchen, die sich kreuzen. Der Winkel spielt dabei keine Rolle, allerdings wird das Dreieck nicht als Begabungszeichen klassifiziert, wenn es sich aus den Haupthandlinien zusammensetzt.	Das Dreieck steht für Begabungen und Talente, die bereits in einem großen Umfang vorhanden sind und sofort von dem Träger ausgelebt werden können. Er muss diese also nicht erst noch, wie beim Quadrat, entwickeln. Welche Fähigkeiten das genau sind, verrät die Stelle, an der sich dieses Begabungszeichen auf der Handinnenfläche befindet.

Kreuz	Wenn zwei Falten sich in einem Punkt überlappen, entsteht ein Kreuz.	Kreuze weisen auf schwierige Herausforderungen und Aufgaben hin, die entweder noch vor dem jeweiligen Individuum stehen oder die es bereits hinter sich hat. Eine größere Anzahl von Kreuzen heißt also, dass dieser Charakter so viele Aufgaben in seinem Leben zu bewältigen hat.
Stern	Ein Stern setzt sich wie ein Kreuz aus Linien zusammen, die sich an einer Stelle treffen. Allerdings sind es in diesem Fall, anders als beim Kreuz, mehr als zwei Furchen.	Im Grunde genommen besitzen Sterne dieselbe Bedeutung wie Kreuze, die allerdings aufgrund der vielen zusätzlichen Linien verstärkt ist. Die Ausnahme liegt in der Lage dieses Begabungszeichens, denn wenn es sich auf einer Erhöhung befindet, steht es für großes Glück und eine besondere Veranlagung in diesem Bereich.
Quadrat	Vier Falten, die sich kreuzen, ergeben das Quadrat.	Diese Kombination von vier Linien deuten auf sehr ausgeprägte Begabungen und Talente, die in dem Menschen schlummern. Wenn Sie beispielsweise auf dem Hügel des Apollos auftreten, zeigt das eine künstlerische Fähigkeit. Ein Quadrat auf einer Handlinie zeugt von großer Zuverlässigkeit und einer Erwartung dieses Menschen, dass andere sich ihm gegenüber ebenso verhalten.
Gitter	Ein Gitter entsteht dann, wenn sich mehrere Linien kreuzen, die insgesamt eine Art Netz ergeben. Dabei kommen engmaschige Gitter vor und jene, die weite Maschen aufweisen.	Dieses Zeichen spiegelt die Ehrlichkeit und Warmherzigkeit des Trägers wider. Befinden sich viele Gitter auf der Handfläche, so kann er besonders gut mit seinen Mitmenschen umgehen und diesen viel lehren. Welchen Bereich dies betrifft, hängt allerdings von der genauen Lage des Zeichens ab.

		Weist das Gitter große Maschen auf, ist das ein positives Zeichen, wohingegen engere Maschen auf mögliche Probleme und Schwierigkeiten hinweisen.
Punkt	Eine Vertiefung in der Hand auf einer Linie liegend wird in der Handlesekunst als Punkt verstanden.	Hier liegt eine Warnung an den jeweiligen Charakter vor. Er sollte sich genau anschauen, wie sein Leben momentan aussieht und was er genau tut. Wenn der Punkt zum Beispiel auf der Schicksalslinie vorkommt, steht das für ein Problem im Gefühlsbereich, das bestenfalls so schnell wie möglich behoben werden sollte.
Insel	Inseln befinden sich immer auf den Hauptlinien und stellen kleinere Ausbuchtungen dieser Falten dar.	Inseln repräsentieren immer eine Form der Unterbrechung des gewöhnlichen Lebens oder eine Pause von gewohnten Tätigkeiten. So könnte eine Insel auf der Schicksalslinie zum Beispiel bedeuten, dass sich der jeweilige Mensch für einen gewissen Zeitraum Zeit für sich genommen hat, um sich selbst zu reflektieren.
Einschnitt	Einschnitte sind kleine Furchen, die die Hauptlinien teilen. Meist sind sie nur schwer zu sehen, da sie sehr zart sein können.	Dieses Zeichen heißt, dass die Persönlichkeit sich viel mit sich selbst beschäftigt. Sie neigt dazu, sich selbst und ihr Verhalten zu reflektieren, um daraus und aus ihren Fehlern zu lernen.
Äste	Kleine Abzweigungen oder Gabelungen, die von den Hauptlinien abgehen, werden Äste genannt. Sie können nach oben oder unten zeigen.	Äste stehen vermehrt für Verzögerungen jeder Art, darunter Hemmungen oder Ängste, wenn sie nach unten abgezweigt sind. Die Äste, die nach oben zeigen, stehen hingegen für Einsicht, Glück oder die vorherrschende Harmonie mit den Mitmenschen.

Selbsttest

Nun sind Sie gefragt ...

Nachdem Sie im vergangenen Kapitel etwas über die verschiedenen Hauptlinien gelernt haben, lade ich Sie nun erneut dazu ein, Ihre Hände auf Begabungszeichen hin abzusuchen. Welche kleinen Muster fallen Ihnen auf?

1. Untersuchen Sie Ihre Hände nach den Zeichen und schreiben Sie auf, was Ihnen auffällt. Notieren Sie auch die genaue Lage der Merkmale.

2. Überlegen Sie, inwiefern die Interpretationen auf Sie zutreffen könnten. Können Sie in Ihrem Leben Dinge wahrnehmen, die auf die Beschreibungen der Begabungszeichen zutreffen? Vermerken Sie auch dies.

Ihre Notizen:

Welche Begabungszeichen können Sie auf Ihrer Handinnenfläche finden? Wo befinden sie sich genau?

Welche Situationen in Ihrem Leben oder Eigenschaften Ihres Charakters stimmen mit den von Ihnen entdeckten Begabungszeichen überein?

Ein Blick auf die Lebenslinie

Die vielen Gesichter dieser Handlinie

Die Lebenslinie kann viele Formen und Gestalten annehmen, denn einerseits ist jeder Mensch verschieden und demnach unterscheidet sich auch sein Charakter, außerdem sind auch sein Lebensverlauf und die Art, wie er sein Dasein gestaltet, anders als die der restlichen Welt. Diese Faktoren beeinflussen das Aussehen der Furche auf der Hand und spiegeln die Individualität eines jeden Menschen wider. Es existiert keine zweite Linie wie Ihre, die Sie in diesem Moment auf Ihrer Hand wahrnehmen können, und auch diese wird sich im Verlauf Ihres Lebens weiter verändern. Es könnte also sein, dass Sie in zehn oder fünfzehn Jahren plötzlich eine leicht abgewandelte Version mit anderen Details oder weiteren Zeichen auf Ihren Handflächen feststellen werden. Lassen Sie uns nun tiefer in die verschiedenen Ausprägungen eintauchen, sodass es Ihnen gelingt, Ihre Lebenslinie zu identifizieren und anhand der entdeckten Merkmale zu deuten. Vergleichen Sie diese dafür einfach mit den hier vorgestellten Varianten und kombinieren Sie gegebenenfalls die damit verbundenen Eigenschaften miteinander, sollte Ihre Linie eine Mischform der Ausprägungen darstellen.

Zur Erinnerung und Wiederholung sind hier noch einmal die zentralen Themenbereiche aufgelistet, die durch die Ausprägung und den Verlauf der Lebenslinie interpretiert werden können:

- Gesundheit
- Körperliche und geistige Konstitution
- Vitalität und Lebensenergie
- Lebenskraft und Lebensfreude

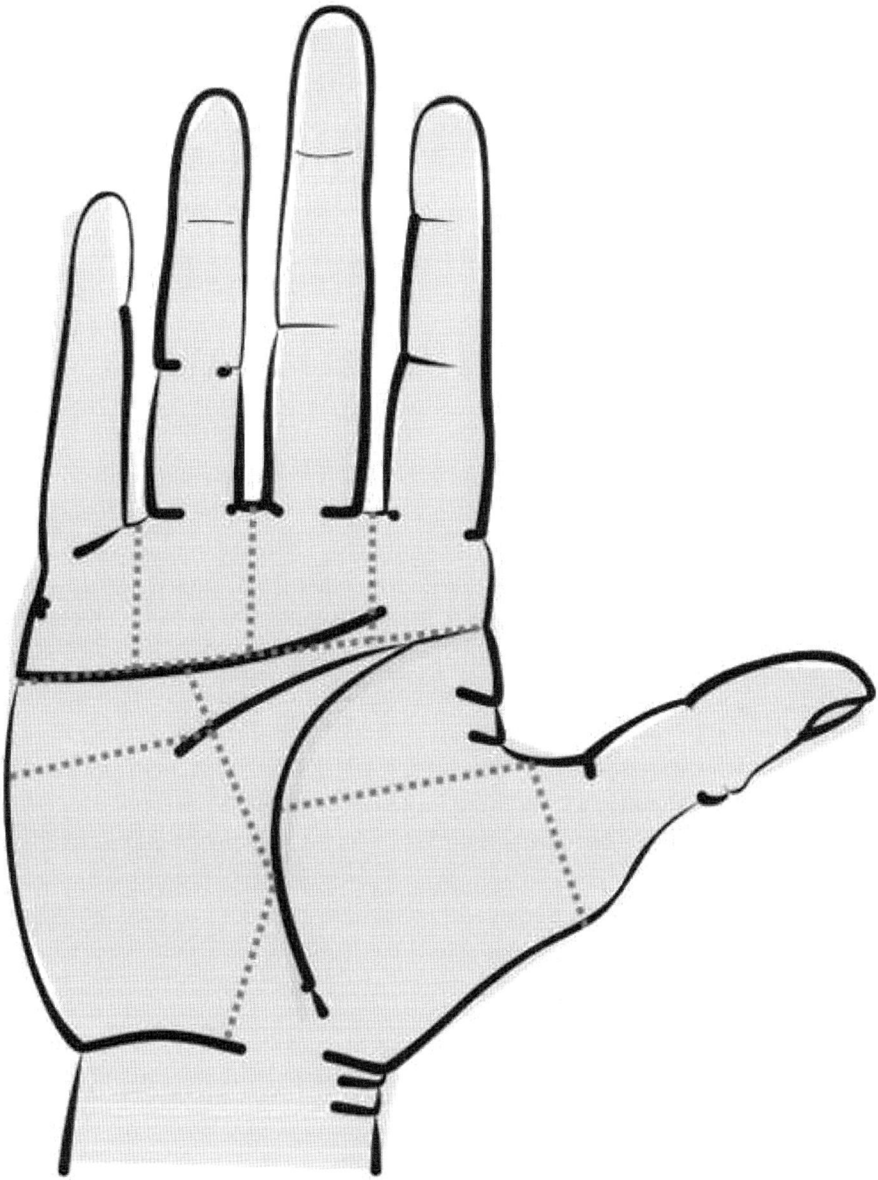

DIE LANGE LEBENSLINIE

Die Beschreibung der langen Form der Lebenslinie

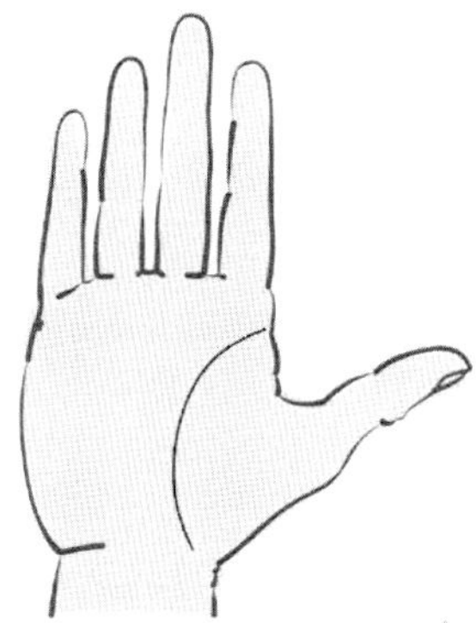

Die Lebenslinie kann unterschiedlich lang und ausgeprägt auf der Hand erscheinen, sodass sich bei manchen Menschen diese Hauptlinie lediglich in einer abgekürzten Version abzeichnet, während andere hingegen eine deutliche Furche aufzeigen, die sich von der Handinnenkante in einem weiten Bogen um den Venusberg entlang bis hin zum Handgelenk erstreckt. Diese Lebenslinie wird als lang bezeichnet, wobei sie meistens zudem gut und harmonisch ausgeprägt ist. Die Länge bringt zudem häufig auch eine gewisse Tiefe und Breite mit sich, was die besonders starke Ausprägung dieser Form der Lebenslinie nur noch mehr verstärkt. Sie ist damit bei der Betrachtung der Hand immer sehr gut sichtbar, auch wenn diese zur besseren Beobachtung nicht bewegt wird.

Die Deutung dieser Ausprägung

Eine tiefe und lange Lebenslinie findet man bei Menschen, die in gesundheitlicher Hinsicht als sehr robust beschrieben werden können. Bei ihnen fällt auf, dass sie stets vital wirken und ein gesundes Leben führen. Diese Charaktere weisen eine sehr gute körperliche wie auch geistige Konstitution auf, denn ihre allgemeine Verfassung äußert sich zumeist sehr positiv und kräftig. Sie scheinen mit Gesundheit gesegnet zu sein, denn es muss schon viel passieren und die Umstände müssen besonders widrig sein, damit diese Menschen krank werden. Ihre Lebensenergie ist in einem solchen Umfang vorhanden, dass sie förmlich übersprudelt. Eine stark ausgeprägte Vitalität und eine besonders offensichtliche Lebendigkeit sind das Resultat, das auch den meisten Mitmenschen nicht entgeht. Persönlichkeiten, die eine lange Lebenslinie besitzen, können auch mit Ausdauer auf physischer, aber auch psychischer Ebene glänzen. Sie sind oft sehr ausgeglichen und können nicht so schnell aus ihrer Mitte gerissen werden, denn ihre körperliche Robustheit überträgt sich auch auf ihren Geist. Deshalb kann das Adjektiv „resilient“ zur Beschreibung dieser Menschen eingesetzt werden. Ihre Vorstellungskraft und Fantasie können mit dynamisch beschrieben werden. Der Charakter, der durch eine lange und tiefe Lebenslinie ausgedrückt wird, ist stark und widerstandsfähig. Dies ermöglicht der Persönlichkeit, auch mit Fehlern umzugehen, ob diese durch eigenes Verschulden oder durch andere Einflüsse entstanden sind. Auch besondere Situationen oder Einschränkungen, die das Leben manchmal mit sich bringt, werden von dieser Gruppe von Menschen tendenziell leichter weggesteckt. All diese Eigenschaften bleiben auch dem näheren Umfeld nicht verborgen, sodass Menschen, die eine lange und ausgeprägte Lebenslinie besitzen, ihren Mitmenschen in Erinnerung bleiben.

Die Entwicklungsaufgabe, die sich hinter diesem Verlauf der Lebenslinie verbirgt

Jeder Mensch muss im Verlauf seines Lebens gewisse Herausforderungen bewältigen und sich seinen Schwächen stellen. Doch das ist nicht per se eine schlechte Sache, denn genau diese Momente, in denen wir unsere Grenzen erreichen und unsere geliebte Komfortzone verlassen, beherbergen ein gewaltiges Potential zur persönlichen Entwicklung. Wachsen können wir nur, wenn wir uns unseren Aufgaben stellen, die sich uns im Alltag präsentieren, und an deren Lösung arbeiten, statt diese zu ignorieren oder auf einen anderen Zeitpunkt zu verschieben. Das gilt übrigens für jeden möglichen Verlauf der Lebenslinie.

Auch wenn man dank der Beschreibung glauben könnte, dass der Charakter mit einer langen und gut ausgeprägten Lebenslinie aufgrund seiner angeborenen Gesundheit und Vitalität scheinbar ein gutes Leben ohne Probleme führt, so muss auch er sich unweigerlich seinen Entwicklungsaufgaben stellen. Welche diese genau sind, schauen wir uns nun an.

Für Menschen mit einer langen, tiefen und meist breiten Lebenslinie ist es wichtig, dass sie ihre überschüssige Energie in die richtigen Bahnen leiten. Meist besitzen sie so viel Vitalität, dass sie förmlich damit übersprudeln, doch genau deshalb ist es so wichtig, dass diese Individuen auch das enorme Vermögen dahinter erkennen. Es wäre eine Vergeudung, wenn sie ihre Lebenskraft nicht für ein Herzensprojekt oder ihre Berufung einsetzen würden, denn genau an dieser Stelle werden sie von ihren Veranlagungen profitieren. Für einige Persönlichkeiten mit diesem Verlauf der Lebenslinie ist es nicht so einfach, mit der vielen Energie umzugehen, weshalb sie dazu neigen, mit dieser verschwenderisch zu haushalten. Doch wenn sie einmal erkannt haben, dass ihre Vitalität ein Geschenk ist, die ihnen alle Türen zur Verwirklichung ihrer Träume öffnen kann, werden sie sich ihre größten Wünsche erfüllen können. Die einzige Voraussetzung hierfür ist, dass die Lebenskraft in die richtigen Bahnen gelenkt wird.

Eine weitere Entwicklungsaufgabe jener Menschen mit einer langen und gut ausgeprägten Lebenslinie liegt in dem Umgang mit ihrer Gesundheit. Oft liegt der Fall vor, dass diese unachtsam mit sich umgehen, da sie genau wissen, dass ihr Körper es eh gut wegstecken wird. Ein ungesunder Lebensstil mit einer suboptimalen Ernährung, zu wenig Bewegung und dem Missbrauch von diversen gesundheitsschädlichen Substanzen sind nicht selten bei dieser Form der Handlinie anzutreffen. Das ist wirklich schade, da diese Charaktere so viel mehr aus sich herausholen könnten, würden sie nur ein wenig besser auf sich achten. Die Herausforderung hierbei liegt darin, ihre Veranlagung zu einer sehr guten Konstitution und die Tendenz, nur selten krank zu werden, nicht auszunutzen, sondern stattdessen dieses Potential zu nutzen und sogar auszuweiten. Persönlichkeiten mit einer langen Lebenslinie sollten den Wunsch entwickeln, herausfinden zu wollen, wie grandios sie sich fühlen könnten, wenn sie ihre ohnehin schon ausgeprägte Gesundheit zusätzlich durch einen positiven Lebensstil auf allen Ebenen unterstützen.

DIE GESCHWUNGENE LEBENSLINIE

Die Beschreibung der geschwungenen Form der Lebenslinie

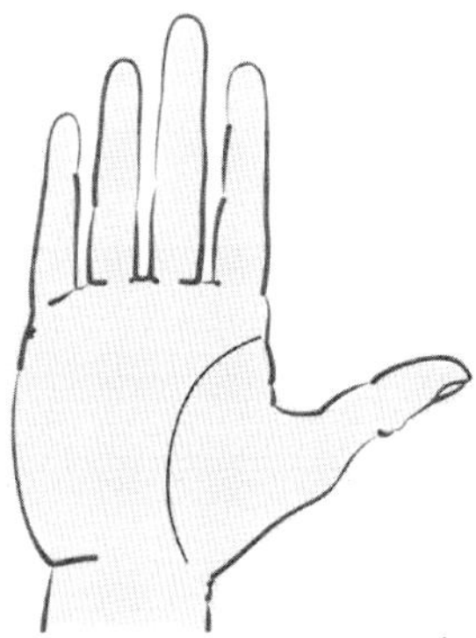

Auf den Händen der Menschen finden sich die unterschiedlichsten Formen der Lebenslinie, doch hier wollen wir uns erst auf die *geschwungene* Version konzentrieren. Diese Furche auf der Hand weist einen gewölbten Verlauf auf, der mehr oder weniger stark um den Venusberg am Daumen herum verläuft und an einen Halbkreis erinnert. Diese Form der Lebenslinie kann also einerseits zusätzlich lang oder kurz sein.

Die Krümmung zeigt sich meist durch einen harmonischen Bogen, der sich auf der gesamten Strecke, also von dem Beginn bis zum Ende der Lebenslinie, gleichmäßig abzeichnet. Die Kurve kann entweder eng am Daumen entlang verlaufen und damit weniger stark geschwungen sein oder besonders weit und ausladend in Richtung der Handmitte sein.

Die Deutung dieser Ausprägung

Der Schwung in der Lebenslinie einiger Menschen spiegelt auch den Schwung in ihrem Leben wider: Persönlichkeiten mit einer gebogenen Furche besitzen häufig viel Energie und Stärke, denn die Krümmung der Linie formt einen ausgedehnten Behälter, der eine besonders große Menge an Lebenskraft aufnehmen kann. Der Charakter ist besonders durchsetzungsstark, doch auch begeisterungsfähig und mit einem ausgeprägten Sinn für Leidenschaft ausgestattet. Diese Menschen sind oft richtige Genießer, was dadurch möglich wird, dass der große Bogen dem Hügel der Venus viel Freiraum lässt. Diese Zone der Hand steht für eben jene angesprochene Sinnlichkeit, Hingabe und Begeisterung des Menschen. Ist die abgezeichnete Kurve besonders **weit und ausladend**, so spricht man hier von einem herzlichen Charakter mit leidenschaftlicher und sinnlicher Veranlagung. Er ist ausdauernd und beständig, was ihm besonders bei der Umsetzung eigener Projekte zugutekommt. Andererseits benötigt dieser Charaktertyp ebenso wie seine Lebenslinie einen weiten und ausladenden Raum zum Leben. Er fühlt sich schnell eingeengt, denn er verlangt innerlich nach einem großen Freiraum, der es dem Individuum ermöglicht, sich vollständig zu entfalten und zu expandieren. Die geschwungene Lebenslinie mit einem ausgeprägten Bogen spricht außerdem ebenso für einen weiten sozialen Kreis dieses Charakters. Seine Veranlagungen in zwischenmenschlicher Hinsicht sind in einer besonderen Intensität vorhanden und zeigen sich durch viele Bekanntschaften und dadurch, dass der Charakter einen großen Wert auf echte Freundschaften legt. Im Gegensatz dazu deutet eine **enge** und damit weniger ausgeprägte Krümmung der Lebenslinie auf einen Menschen hin, der tendenziell eher in sich gekehrt ist und mit Hemmungen zu kämpfen hat. Das kann von einem Außenstehenden schnell als Reserviertheit, Distanziertheit und Unnahbarkeit wahrgenommen werden. Zudem scheinen die Lebenskräfte dieser Menschen eher begrenzt zu sein, sodass ihre Kraftreserven schnell erschöpft werden können.

Die Entwicklungsaufgabe, die sich hinter diesem Verlauf der Lebenslinie verbirgt

Auch bei dieser Gruppe von Persönlichkeiten, bei denen sich eine geschwungene Lebenslinie auf der Hand abzeichnet, besteht eine Entwicklungsaufgabe darin, mit ihrer Energie korrekt zu haushalten. Ist der gebogene Verlauf der Furche mit einer großen Länge kombiniert, besitzt der jeweilige Mensch meist viel Energie, die in die richtigen Kanäle gelenkt werden muss, damit sie produktiv und zu einem guten Zweck eingesetzt werden kann. Auch wenn diese Individuen meist extrovertiert sind und viel Energie in zwischenmenschliche Beziehungen investieren, sollten sie sich darauf besinnen, dass nicht die Quantität, sondern die Qualität von Bedeutung ist. Ein großer Kreis von oberflächlich bekannten Gesichtern ersetzt keine tiefe und innige Freundschaft. Nur Letzteres kann Höhen genauso wie Tiefen, guten Zeiten genauso wie schlechten Zeiten standhalten und über einen langen Zeitraum hinweg bestehen bleiben. Bekanntschaften hingegen bleiben meist oberflächlich, wechselhaft sowie flüchtig und sind damit nicht beständig. Auch wenn beides, also viele Bekannte und tiefe Freundschaften, nebeneinander existieren können, so ist es dennoch wichtig, in Fragen der sozialen Bindungen Prioritäten zu setzen. Ist der Bogen der Lebenslinie hingegen kurz, herrscht bei diesen Persönlichkeiten meist ein Mangel an Energie vor. Hier muss darauf geachtet werden, wie mit den eigenen Ressourcen und Reserven umgegangen wird. Dem Menschen sollte stets bewusst sein, dass seine Kräfte nur begrenzt sind und dass dieser Umstand einen besonders aufmerksamen und achtsamen Umgang mit seiner Lebensenergie erfordert. Das bedeutet jedoch keineswegs, dass es etwas Negatives ist.

Eine Bewertung oder gar Verurteilung dieser Veranlagung ist nicht nur destruktiv, sondern zudem zusätzlich energieraubend. Hier liegt ein verborgenes Geschenk begraben, dessen Entdeckung eine Entwicklungsaufgabe darstellt: Eine kurze geschwungene Lebenslinie fordert den Charakter auf, besonders gut auf seinen Körper und Geist zu achten, sich Zeit für sich selbst zu nehmen, seine Bekanntschaften und Freundschaften zu pflegen sowie genau abzuwägen, mit wem oder was er seine kostbare Lebenszeit verbringt. Menschen mit einer gebogenen Lebenslinie sind sinnlich und leidenschaftlich, doch nicht immer erlauben sie es sich, diese Seite an sich auch auszuleben. Das muss nicht immer im erotischen Sinne gemeint sein, sondern kann auch alltägliche Tätigkeiten, wie das simple Genießen des Essens oder das herzliche Umarmen eines geliebten Menschen, bedeuten. Die Entwicklungsaufgabe besteht darin, die eigenen Wahrnehmungen, die über alle Sinne aufgenommen werden, in vollem Umfang anzuerkennen und anzunehmen. Das Verneinen der eigenen Gefühle und der Sinnlichkeit stellt nur eine Verweigerung des eigenen Selbst mit all seinen Facetten dar. Leider führen diese Hemmungen dazu, dass der Selbstwert und das Selbstbewusstsein des Menschen sinken, weil dieser befürchtet, dass etwas nicht mit ihm stimmt oder dass er nicht so richtig ist, wie er ist. Die Lösung liegt in der Akzeptanz der eigenen Gefühle und Gedanken, indem die Seiten der Leidenschaft und Sinnlichkeit ausgelebt werden dürfen.

DIE KURZE LEBENSLINIE

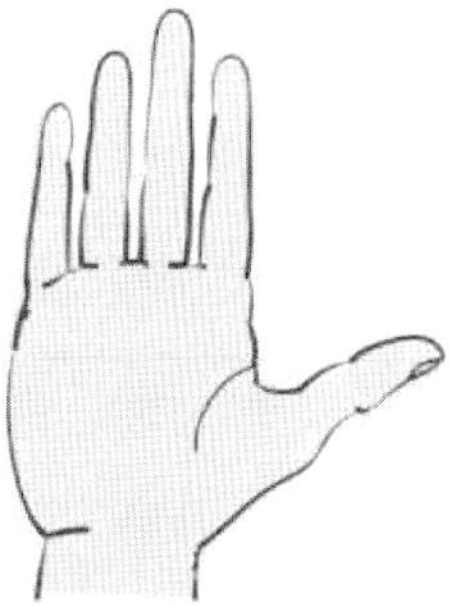

Die Beschreibung der kurzen Form der Lebenslinie

Neben Menschen mit einer langen und gut ausgeprägten Lebenslinie gibt es Menschen, die eine eher kurze Lebenslinie besitzen. In diesem Fall reicht sie häufig nur bis auf die Höhe der Mitte der Daumenwurzel statt, wie bei einer langen Lebenslinie, sich fast oder ganz und gar bis zum Handgelenk herunterzuziehen. Zudem wird eine kurze Furche häufig von einer nur schwachen Ausprägung begleitet, was bedeutet, dass sie zusätzlich oberflächlich und weniger breit sowie tief ist.

Die Deutung dieser Ausprägung

Da die Lebenslinie direkt mit der Gesundheit, der Vitalität und der Lebensenergie des Menschen verknüpft ist, spricht eine eher kurze Version dieser Handfurche für eine nur wenig vorhandene Ausprägung der genannten Aspekte. Eine Lebenslinie mit knapper Länge steht in der Kunst des Handlesens für das Vorhandensein von wenig Energie, gleichzeitig deutet sie auf eine Neigung zum Krankwerden hin. Der betroffene Mensch hat eine schwache körperliche sowie geistige Konstitution, was ihn sehr anfällig für diverse Erkrankungen macht. Es könnte sein, dass die Persönlichkeit im Laufe ihres Lebens immer wieder mit bestimmten Beschwerden zu kämpfen hatte, die scheinbar einfach nicht heilen wollen. Es treten keine oder nur geringfügige Verbesserungen ein, obwohl bereits viele verschiedene Therapien ausprobiert wurden, um die Symptome zu lindern. Schon bei den kleinsten Abweichungen vom optimalen Lebensstil zeigt der Körper Anzeichen des Krankwerdens, da er mit Veränderungen, Unausgeglichenheit und wechselnden äußeren Bedingungen nicht gut umgehen kann. Menschen mit einer kurzen Lebenslinie wird zudem nachgesagt, nur wenig Kraft und Ausdauer zu besitzen. Außerdem müssen sie im Umgang mit ihren Mitmenschen ganz genau aufpassen, denn sie lassen sich besonders schnell beeinflussen. In schlimmen Fällen nutzen manche Mitmenschen dies aus und versuchen, Kontrolle über die Persönlichkeit auszuüben. Ob dies bewusst oder unbewusst geschieht, ändert letztendlich nichts an der Veranlagung des Individuums mit einer kurzen Lebenslinie, leicht beeinflussbar zu sein.

Die Entwicklungsaufgabe, die sich hinter diesem Verlauf der Lebenslinie verbirgt

Jede Furche auf der Hand eines Menschen kann und wird sich im Verlaufe des Lebens umformen. Diese Veränderungen hängen mit den Lebensumständen und dem Lebensstil des jeweiligen Charakters zusammen, sodass sie immer ein Spiegelbild der derzeitigen Situation darstellen. Das bedeutet auch, dass sich eine kurze Lebenslinie, die für wenig Kraft und Energie steht sowie meist mit gesundheitlichen Beschwerden einhergeht, wieder verlängern kann. Solange Sie also auf sich achten und aktiv zu Ihrer Gesundheit beitragen, kann sich auch das Abbild der Lebenslinie auf Ihren Händen den Umständen in Ihrem Leben anpassen. Nur, weil Ihre Lebenslinie möglicherweise für einen Mangel an einer körperlichen und geistigen Konstitution steht, bedeutet das also nicht, dass das für immer so sein muss. **Verlieren Sie nicht Ihre Hoffnung auf Besserung, sondern nutzen Sie die Erkenntnisse als eine Motivation, Ihr Leben zum Besseren zu wenden!**

Die kurze Lebenslinie und ihre Eigenschaften fordern den Menschen dazu auf, einen Blick auf sich selbst und seinen Körper zu werfen.

- Achte ich auch gut auf mich?

- Nähre ich meinen Körper optimal und gebe ich ihm das, was er für seine Arbeit benötigt?

- Unterstütze ich mich und meinen Körper in der bestmöglichen Art und Weise oder fördere ich gar die Krankheiten mit meiner derzeitigen Lebensweise?

Diese Fragen geben einen ersten Einblick in die Entwicklungsaufgabe, die sich hinter der kurzen Lebenslinie verbirgt. In erster Linie geht es darum, die Ausgangslage, die auch der sogenannte Ist-Zustand genannt wird, anzunehmen und zu akzeptieren. Wenn Sie Ihren Körper dafür verurteilen, dass er scheinbar so schwach, kraftlos und energielos ist, dann wird sich rein gar nichts an Ihrer Lage ändern. Ganz im Gegenteil: Die negative Selbstbewertung entzieht ihnen nur noch mehr Lebensenergie, da es Ihnen an Selbstwert und Selbstliebe fehlt. Der erste Schritt Ihrer Entwicklungsaufgabe ist es also, sich für das zu lieben, was Sie sind – unabhängig davon, wie viel Kraft, Ausdauer und Energie Ihr Körper momentan hat. Dieser Punkt ist von äußerster Wichtigkeit, denn er verlagert das Empfinden der Ohnmacht, die Sie eventuell in Bezug auf Ihre Beschwerden wahrnehmen, hin zur Ermächtigung.

Wenn Sie sich machtlos fühlen, weil Sie befürchten, nie etwas in Ihrem Leben und an Ihrer Konstitution verbessern zu können, werden Sie auch nicht in der Lage sein, etwas zu verändern. Ihre Gefühle der Hilflosigkeit und Verzweiflung spiegeln sich in Ihrem Körper wider, weshalb auch dieser schutzlos, schwach und blockiert ist. Doch mit einem starken Willen, endlich aktiv zu werden und die Sache anzugehen, werden Sie Schritt für Schritt die Herausforderungen meistern. Das bringt uns direkt zur nächsten Entwicklungsaufgabe jener Menschen mit einer kurzen Lebenslinie, die darin besteht, den Wunsch nach Gesundheit, Vitalität und Lebensfreude mit Ausdauer und Beständigkeit umzusetzen. Dies sind vermutlich nicht Ihre Stärken, weshalb Sie daran arbeiten sollten, diese Eigenschaften in Ihnen zu fördern. Sie werden mit dem Erreichen Ihrer Ziele belohnt werden. Bei der Behandlung von körperlichen Erkrankungen neigen wir dazu, lediglich die Symptome bekämpfen zu wollen. Wir verwechseln zu gern die Beseitigung der offensichtlichen Anzeichen eines Leidens mit der Lösung des Problems. Doch leider ist es damit nicht getan. Solange die ursprüngliche Wurzel des Konfliktes noch vorhanden ist, der die Krankheit auslöste, werden immer und immer wieder Symptome an den verschiedenen Stellen mit ansteigender Intensität auftreten. Das bedeutet, dass Krankheitsanzeichen niemals das Problem sind, sondern lediglich Überbringer einer Botschaft, die darauf hinweisen, dass ein Leiden vorliegt. Die Entwicklungsaufgabe besteht darin, auf den eigenen Körper mit Verständnis und Mitgefühl zu hören sowie die Anzeichen zu deuten, die er sendet.

Schlussendlich sollten Menschen mit einer verkürzten Lebenslinie darauf achten, sich nicht von anderen manipulieren zu lassen. Mit der Erkenntnis, dass sie dazu neigen, leicht beeinflussbar zu sein, können sie in ihrem Alltag auch darauf aufmerksam werden, sollte sich eine Situation offenbaren, in der ein Mitmensch versucht, Kontrolle auf die Persönlichkeit auszuüben. In jenen Momenten hilft es, eine Grenze festzulegen, die von dem Gegenüber nicht überschritten werden darf. Wenn Sie beispielsweise ein sehr hilfsbereiter Mensch sind, es Sie aber krafttechnisch auslaugt, wenn Sie zu viel für andere tun, dann ist es in Ordnung, wenn Sie auch einmal „Nein" sagen. Lernen Sie, Ihre erschöpfbaren und begrenzten Kraftreserven zu würdigen, indem Sie Ihren Mitmenschen klar kommunizieren, dass Sie gerade keine freien Ressourcen zur Verfügung haben und Sie deshalb die gewünschte Aufgabe nicht übernehmen können. Ein „Nein" kann manchmal der größte Akt der Selbstliebe sein, denn es bedeutet ein „Ja" zu sich selbst.

DIE SCHWACHE LEBENSLINIE

Die Beschreibung der schwachen Form der Lebenslinie

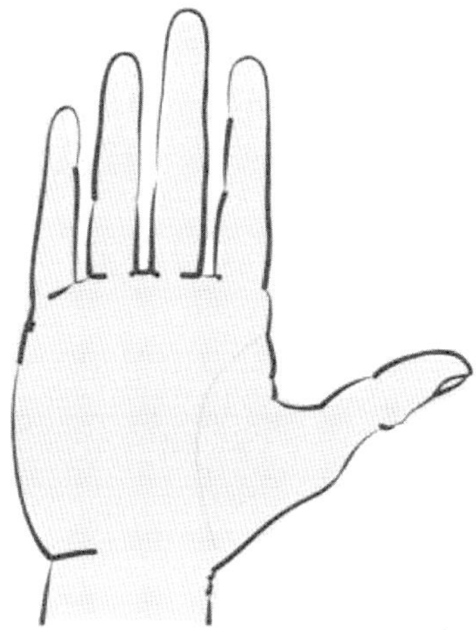

Ist die Lebenslinie nur schwer identifizierbar auf der Hand, wird in der Kunst des Handlesens von einer schwachen Version dieser Furche gesprochen. Sie ist in diesem Fall so zart und flach, dass sie nur schwer zu erkennen und kaum sichtbar ist. Die Struktur der Linien ist wenig ausgeprägt und meist ist sie außerdem sehr dünn. Oft kann sie erst nach einigen Handbewegungen und unter perfekten Lichtverhältnissen ausfindig gemacht werden. Eine schwache Lebenslinie kann zudem häufig von einer kurzen Ausprägung dieser begleitet werden.

Die Deutung dieser Ausprägung

Eine schwach ausgeprägte Lebenslinie deutet auf eine Anfälligkeit in Bezug auf Krankheiten hin. Der betroffene Mensch besitzt ein mangelndes Immunsystem, was dazu führt, dass er schnell und oft unangenehme körperliche Beschwerden an sich bemerkt. Das Fehlen an ausreichender Vitalität bringt eine Kraftlosigkeit mit sich, wodurch sich der Körper nur schwer gegen Krankheiten durchsetzen kann. Er ist wenig robust, ausdauernd und kräftig, was der Persönlichkeit ein Defizit an Selbstbewusstsein und Selbstvertrauen vermittelt. Sie ist ein ängstlicher Typ, der sich viele Sorgen macht und immer mit Vorsicht handelt. Diese Menschen fühlen sich häufig so schwach, dass sie sich nicht in der Lage sehen, ihre nähere Umgebung oder die Welt um sich herum beeinflussen zu können. Mut gehört nicht zu ihren Stärken, weshalb sie sich nur ungern der Realität stellen und eher ein ruhigeres und einfacheres Leben leben, das wenig abenteuerlich ist und keine großen Überraschungen bereithält. Die Freude am Leben ist ein besonderes Thema für Menschen, die eine schwache Lebenslinie in der Handfläche zeigen. So undeutlich, wie die Furche ist, so leer kann auch das Reservoir beschrieben werden, das mit ihrer Lebensenergie gefüllt ist.

Diese Persönlichkeiten haben Schwierigkeiten damit, das Schöne im Leben zu erkennen und die guten Seiten wahrzunehmen. Für sie besteht im menschlichen Dasein keine besondere Bedeutung, denn sie tendieren dazu, lediglich eine Seite der Perspektive zu betrachten. Leider ist dies meist die negative und problemorientierte, weshalb ihre eingeschränkte Sichtweise auf das Leben von Sinnlosigkeit, Mangel und Hoffnungslosigkeit geprägt ist. Da ist es kein Wunder, dass ihre Lebensfreude nicht sonderlich ausgeprägt ist.

Die Entwicklungsaufgabe, die sich hinter diesem Verlauf der Lebenslinie verbirgt

Auch wenn Sie möglicherweise derzeit eine schwach ausgeprägte Lebenslinie auf Ihren Händen entdecken, so bedeutet dies nicht, dass es ein festgelegter Umstand ist. Jede Falte kann sich im Verlauf des Lebens anpassen, weshalb sich eine schwache Lebenslinie in eine starke und ausgeprägte verwandeln kann, solange die nötigen Veränderungen im eigenen Leben getroffen wurden. Auch hier gilt wieder folgender Leitsatz: **Verlieren Sie nicht Ihre Hoffnung auf Besserung, sondern nutzen Sie die Erkenntnisse als eine Motivation, Ihr Leben zum Besseren zu wenden!** Beachten Sie jedoch, dass die Veränderung der Handfurchen Zeit benötigt. Erst, wenn Sie über einen längeren Zeitraum hinweg beständig ein lebensbejahendes Dasein geführt haben und stets an der Bewältigung Ihrer Entwicklungsaufgaben arbeiten, werden Sie auch nach und nach mit einer sich verändernden Lebenslinie belohnt, die Ihnen Ihr persönliches Wachstum bestätigt.

Das zentrale Thema jener Charaktere, die eine schwache Ausprägung der Lebenslinie besitzen, ist das der Freude am Leben. Auch wenn es nicht leicht ist, sich in schwierigen Zeiten an den positiven Dingen zu orientieren, so sollten diese Menschen dennoch stets daran arbeiten, nicht nur die dunkle Perspektive einzunehmen. Ihre Entwicklungsaufgabe verlangt von ihnen eine kontinuierliche Beharrlichkeit und den starken Willen, den Fokus auf das Gute im Leben zu richten. Schönheit existiert in allem, was ist, ob dies nun ein Lebewesen, eine Situation oder eine Charaktereigenschaft ist. So befinden sich auch Liebenswürdigkeit und Vollkommenheit in Menschen, die eine schwache Lebenslinie aufzeigen. Die Herausforderung besteht darin, das zu erkennen und sich mit all seinen Facetten anzunehmen, damit wieder die Freude am Leben einkehren kann.

Die schlechte körperliche Konstitution und das mangelnde Immunsystem sollten mit einem ganzheitlich gesunden Lebensstil unterstützt werden. Der Fokus liegt hier auf dem Wort „ganzheitlich“, denn Gesundheit kann nicht allein durch eine artgerechte Ernährung erreicht werden, auch wenn dies einen wichtigen und nicht zu vernachlässigenden Punkt darstellt. Zur Ganzheitlichkeit gehört ebenso tägliche Bewegung, die Pflege sozialer Kontakte und das Aufrechterhalten des geistigen Wohlbefindens. Letzteres kann unter anderem dadurch erzeugt werden, indem sich das Individuum mit seinen persönlichen Interessen beschäftigt, Dinge tut, die es liebt, und seine Talente sowie Begabungen einsetzt. Dazu gehört jedoch auch der Mut, sich seinen persönlichen Herausforderungen, Aufgaben sowie Ängsten zu stellen und auch einmal etwas zu wagen. Damit verliert das Gefühl der Sinnlosigkeit und der mangelnden Freude am Leben zusätzlich an Kraft, da die persönliche Entfaltung und Weiterentwicklung in den Vordergrund rücken.

DIE UNTERBROCHENE LEBENSLINIE

Die Beschreibung der unterbrochenen Form der Lebenslinie

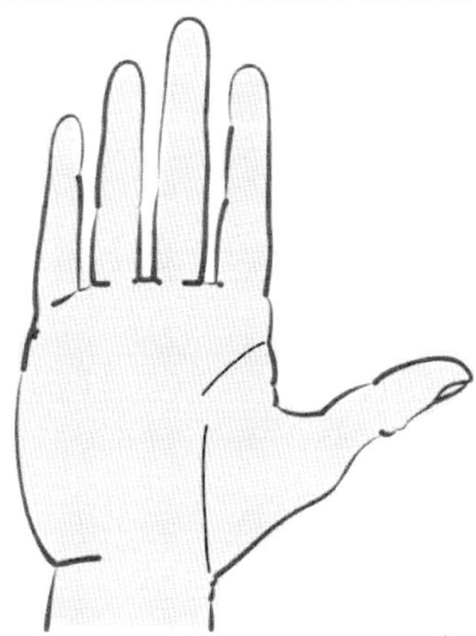

Die unterbrochene Lebenslinie identifiziert sich durch einen Bruch in der Furche, der diese deutlich in zwei Teile teilt. Sie ist dabei nicht zu verwechseln mit der doppelten Linie, die wir uns im Anschluss anschauen werden. Während bei einer doppelten Hauptlinie die Falten nebeneinander und parallel zueinander verlaufen, stellt die unterbrochene Lebenslinie eine einzige Furche dar, die an einer oder mehreren Stellen eine Lücke aufweist.

Wenn mehrere Brüche auf der Furche erkennbar sind und die einzelnen Linien sich wie einzelne Glieder einer Kette aneinanderreihen, so spricht man von einer *verketteten* Lebenslinie.

Die Deutung dieser Ausprägung

Eine Unterbrechung der Lebenslinie wird grundsätzlich in der Kunst des Handlesens mit einem Wandel oder einer abrupten Veränderung im Leben des betroffenen Menschen interpretiert. Leider treten diese meist in negativer Form auf, weshalb der Bruch durch langwierige Erkrankungen oder andere gesundheitliche Leiden, aber auch durch eine Veranlagung zur Anfälligkeit für Krankheiten hervorgerufen werden kann. Auch eine plötzliche Veränderung des Lebensstils, wie bei einer Auswanderung oder einer schmerzhaften Trennung von einem geliebten Menschen, kann sich in einer unterbrochenen Lebenslinie manifestieren. Hat die Persönlichkeit die plötzliche Veränderung in ihrem Leben als Kampf, Verlust, Unfall oder als eine intensive und schmerzhafte Erfahrung empfunden, so führt dies zu ebendiesen Unterbrechungen der Handfurche.

Doch nicht immer muss der Lebenswandel negativ sein, denn jede radikale Änderung im Leben, auch eine positive, spiegelt sich in den Händen wider. So zählen ein beruflicher Wandel, ein Wechsel des Wohnortes und eine Erbschaft zu weiteren möglichen Auslösern, solange diese einen genügend großen Einfluss auf das Leben des jeweiligen Menschen hatten.

Ist die Lebenslinie verkettet – setzt sie sich aus mehreren kleinen Gliedern zusammen, die durch Lücken voneinander getrennt sind –, so spricht dies für eine schwächliche körperliche Konstitution, die durch Zartheit und Anfälligkeit geprägt wird. Der Unterschied zu einer schwachen Lebenslinie besteht jedoch darin, dass die unterbrochene Furche auf einen Menschen hindeutet, der sich von seinen Krankheiten schnell wieder erholen kann.

Die Entwicklungsaufgabe, die sich hinter diesem Verlauf der Lebenslinie verbirgt

Unterbrechungen können sich wieder zusammenfügen, sobald sich der Mensch von seinen gesundheitlichen Beschwerden erholt hat, sollten diese der Auslöser für die Brüche gewesen sein. Aus diesem Grund ist es ratsam, dass sich die betroffene Persönlichkeit mit ihren Problemen und den unangenehmen Seiten ihres Lebens auseinandersetzt, auch wenn dies nicht immer Spaß macht. Physische und psychische Beschwerden sind Anzeichen für ein Ungleichgewicht im Leben, das behoben werden sollte, damit es keine bleibenden Schäden hinterlässt.

Besonders Menschen mit einer unterbrochenen Lebenslinie müssen erkennen, dass sie ihr Leben selbst in der Hand haben und dementsprechend auch selbst für ihre Gesundheit verantwortlich sind. Auch wenn Verantwortung Arbeit und kontinuierliche Selbstreflexion erfordert, so ermöglicht sie auch, dass wir aktiv werden können. Wir sind nicht länger ohnmächtig und fühlen uns so, als wenn wir unserem Schicksal und damit unseren Krankheiten hoffnungslos ergeben sind, sondern arbeiten stattdessen aktiv an einer Verbesserung unseres Lebensstils. Eine weitere Entwicklungsaufgabe für diese Gruppe von Charakteren gestaltet sich in dem Umgang mit großen Veränderungen im Leben. Sie sollten erkennen, dass früher oder später immer ein Wechsel eintritt, denn nichts bleibt für immer und ewig gleich. Wenn Sie jedoch lernen, mit einem plötzlichen Ereignis positiver umzugehen, so wird dieses nicht länger Ihr Leben bis ins Mark erschüttern. Sie werden in der Lage sein, gelassener und weniger emotional auf die sich Ihnen darbietenden Situationen zu reagieren, statt, wie zuvor, ein Opfer der Lebensumstände zu bleiben. Eine Veränderung muss nicht zwangsläufig immer negativ sein, auch wenn sie häufig besonders am Anfang mit Ängsten, Sorgen, Trauer oder Schmerz einhergeht. Denn eine Veränderung bedeutet zudem, dass etwas Neues in das Leben tritt, was dieses verbessern kann. Manchmal erkennt man das Glück zunächst gar nicht, wenn sich die Dinge ändern, doch später, wenn man auf dieses schwerwiegende Ereignis zurückblickt, merkt man, wie gut es war, dass es eingetroffen ist. Erst durch die Veränderung ist es möglich geworden, mehr Glück und Zufriedenheit zu erfahren. Diese Sichtweise hilft Ihnen, auch in schweren Momenten mit einem plötzlichen Lebenswandel umzugehen und nicht den Optimismus sowie eine lebensbejahende Einstellung zu verlieren.

DIE DOPPELTE LEBENSLINIE

Die Beschreibung der doppelten Form der Lebenslinie

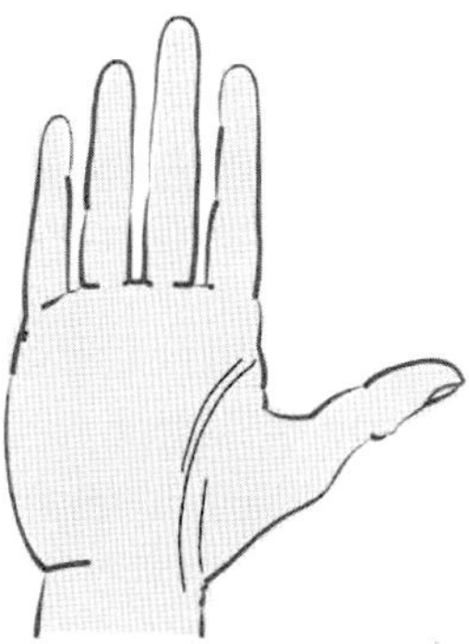

Nicht jeder Mensch besitzt nur eine einzige Furche auf der Hand, die als Lebenslinie bezeichnet wird. Einige Individuen sind mit mehreren Linien gesegnet, die dadurch gekennzeichnet sind, dass sie parallel zueinander verlaufen. Die doppelte Lebenslinie ist dabei nicht zu verwechseln mit der unterbrochenen Handfurche, die wir uns bereits angeschaut haben, denn die doppelte Linie besteht aus zwei *ununterbrochenen* Falten. Manchmal treten auch drei Linien parallel zueinander auf. Die Furchen müssen dabei nicht immer dieselbe Länge haben und komplett von der Außenkante der Hand zwischen Daumen und Zeigefinger bis hin zum Handgelenk herunter verlaufen. Häufig zeigt sich das Bild von einer zentralen Lebenslinie, die von einer oder mehreren kleineren Versionen begleitet wird.

Die Deutung dieser Ausprägung

Treten zwei oder in seltenen Fällen gar drei Lebenslinien nebeneinander auf, so steht dies für eine besonders ausgeprägte Vitalität des jeweiligen Menschen. Die Lebenskraft steigt an und damit einhergehend ist sein Körper mit einer guten Gesundheit gesegnet. Sein Charakter wird durch ein gutes Durchhaltevermögen geprägt und allgemein scheint das Leben von einer positiven Energie unterstützt zu werden. Die Lebenseinstellung dieser Menschen ist häufig optimistisch, was ihnen ermöglicht, die Schönheit auch in den kleinen Dingen des Alltages zu erkennen. Nicht ohne Grund wird bei der doppelten Lebenslinie auch von der sogenannten „Protektionslinie" gesprochen. „Protektion" bedeutet so viel wie Schutz und genau dafür steht diese Ausprägung der Falte. Sie zeigt, dass der Handeigner unter besonderem Schutz steht, da er mit Energie, Kraft und Widerstandsfähigkeit ausgestattet ist. Das bewahrt ihn nicht nur vor schwerwiegenden Erkrankungen, sondern ermöglicht ihm zusätzlich, mit auftretenden Beschwerden umzugehen und auch die schwierigsten Herausforderungen des Lebens zu meistern.

Eine weitere Interpretation in der Kunst des Handlesens ist, dass die Persönlichkeit mit einer doppelten Lebenslinie ein sogenanntes Doppelleben führt. Die Handfurchen könnten einen Hinweis auf mehrere Lebenswege liefern, auf denen sich der Mensch bewegt. Das muss jedoch nicht immer der Fall sein.

Die Entwicklungsaufgabe, die sich hinter diesem Verlauf der Lebenslinie verbirgt

Menschen mit einer doppelten Lebenslinie genießen einen besonderen Schutz in ihrem Leben, ob ihnen das immer so bewusst ist, ist jedoch eine andere Frage. Nichtsdestotrotz umgibt sie eine lichtvolle Energie, die ihnen eine besondere Ausstrahlung und Vitalität verleiht. Diese Eigenschaften bringen jedoch meist auch eine ebenso besondere Entwicklungsaufgabe mit sich, die darin besteht, dass Persönlichkeiten mit mehreren Lebenslinien die ihnen gewährte Unterstützung nicht missbrauchen, sondern stattdessen zum Wohle der Menschheit einsetzen.

Die ihnen mitgegebenen schützenden Energien haben sich nicht ohne Grund genau diese Art von Menschen ausgesucht, denn meist sind diese aufgrund ihrer Durchsetzungskraft und Lebensenergie bestens dazu geeignet, besondere Lebensaufgaben zu erfüllen, die ebendiese Unterstützung benötigen. Hier kommt ihre persönliche Mission ins Spiel, für die sie geschaffen wurden. Es sind meist revolutionäre Ideen, die im Dienst des Allgemeinwohls realisiert werden sollen.

Doch die Umsetzung und Verbreitung ebendieser neuartigen Denkweisen wird früher oder später in der Gesellschaft auf Widerstand stoßen. Aus diesem Grund erfordert es eine externe schützende Kraftquelle, die sicherstellt, dass die Ideen auch Fuß fassen können. Es haben also meist Persönlichkeiten mehrere Lebenslinien auf der Handinnenfläche, die eine Lebensaufgabe zu meistern haben, die besonderen Schutz benötigt. Die Herausforderung besteht in der Erfüllung der eigenen Bestimmung – das ist jener Grund, warum der Mensch auf der Erde ist.

Auch wenn hier die Rede von einer sogenannten „besonderen“ Lebensaufgabe ist, die Menschen mit einer doppelten Lebenslinie besitzen, so bedeutet dies nicht, dass diese Persönlichkeiten in irgendeiner Hinsicht „besser“ oder „wichtiger“ sind als andere, die einen anderen Verlauf der Lebenslinie aufzeigen. Es bedeutet lediglich, dass die Entwicklungsaufgabe von Personen mit mehreren Lebensfurchen von einem vermehrten Schutz profitiert.

Jeder Mensch ist absolut einzigartig und auf seine eigene Art höchst besonders. Daraus lässt sich schließen, dass es weder ein „besser“ noch ein „wichtiger“ geben kann, da jeder Einzelne seine eigene Rolle erfüllt. Es kann keinen Vergleich zwischen verschiedenen Individuen und deren Lebensaufgabe geben, da sie schlichtweg aufgrund ihrer Einzigartigkeit nicht vergleichbar sind. Jeder ist besonders. Jeder ist wichtig. Jeder ist liebenswert.

Manche Menschen leben ein Doppelleben und sind sich diesem Umstand nicht einmal vollständig bewusst. Mit einem Doppelleben ist nicht immer eine so dramatische Erklärung wie eine Affäre oder eine Spionage gemeint, sondern es kann etwas so Subtiles sein wie jemand, der etwas anderes ausspricht, als das, was er eigentlich denkt, oder dessen Taten nicht mit seinen Worten übereinstimmen. Wenn Sie das Gefühl haben, dass Sie ein anderer Mensch sind, wenn Sie zu Hause bei Ihrer Familie sind im Vergleich zu der Person, die Sie auf Ihrer Arbeit sind, dann ist dies bereits eine Form des Doppellebens. Manchmal fühlen wir uns auch verpflichtet, einem anderen zu helfen, obwohl wir tief in unserem Inneren genau wissen, dass dies gerade nicht richtig ist. Oder wir opfern uns für andere auf, ja, wir leben gar unser Leben für andere und dafür, diese zufriedenzustellen, ohne dabei unsere eigenen Bedürfnisse zu berücksichtigen. Wenn auch Sie sich damit identifizieren können, so verlangt Ihre Entwicklungsaufgabe von Ihnen, sich wieder auf sich zu besinnen. Stellen Sie sich die folgenden Fragen, um dem Thema tiefer auf den Grund zu gehen:

- Wer bin ich gerade und wer will ich eigentlich sein?
- Welche Werte besitze ich und wie kann ich diese in meinem Leben in Form meiner Gedanken, Worte und Taten integrieren?
- Wie kann ich meine innersten Gefühle, Meinungen und Weltanschauungen mit dem vereinbaren, was ich meinen Mitmenschen nach außen hin zeige?
- Wie werde ich zu dem Menschen, der ich tief in meinem Innersten sein will?

All diese Fragen sollen Ihnen dabei helfen, die beiden Seiten Ihres Doppellebens wieder miteinander zu vereinen, damit Sie nicht länger ein gespaltenes Leben führen müssen. Es entsteht jedes Mal ein innerer Konflikt, wenn ein Mensch vorgibt, jemand anderes zu sein, als er eigentlich ist. Ihre Entwicklungsaufgabe ist es, sich nicht länger zu verstellen, sondern in jeder Lebenslage zu zeigen, wer Sie wirklich sind. Lernen Sie, authentisch, ehrlich und echt zu sein.

DER URSPRUNG DER LEBENSLINIEN

Neben dem Verlauf und der Ausprägung der Lebenslinie spielt auch ihr Ursprung eine Rolle bei der Interpretation dieser. Deshalb werfen wir nun noch einen Blick auf die Lebenslinie, die nahe am Daumen beginnt, und auf die, die zwischen dem Daumen und der Zone des Jupiters, also der Erhöhung unter dem Zeigefinger, anfängt.

	Nahe beim Daumen
	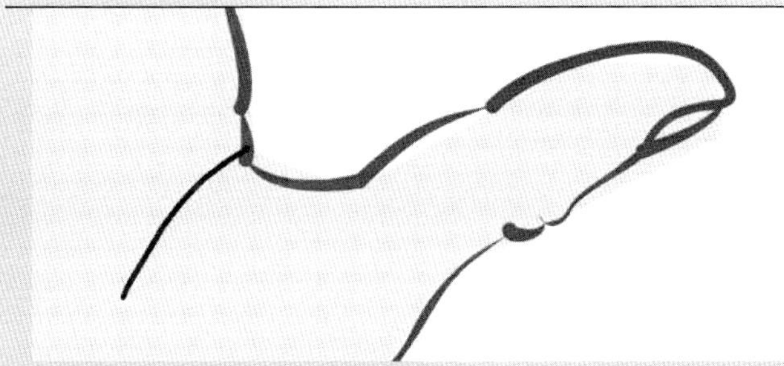
Beschreibung	Bei dieser Version der Lebenslinie nimmt die Furche ihren Anfang an der Außenseite der Hand sehr dicht am Daumen.
Deutung	Menschen mit einer Lebenslinie, die nahe dem Daumen beginnt, zeigen meist eine verminderte Gesundheit. Ihre Lebensenergie und Vitalität sind eher schwächer und schneller aufgebraucht. Ihr Körper ist weniger robust und somit anfälliger für äußere Faktoren, die die Gesundheit bedrohen. Oft liegen hier Persönlichkeiten vor, die eng mit ihren Wurzeln verbunden sind, weshalb sich der Anfang der Lebenslinie so dicht am Daumen befindet. Viele sind in einem Dorf

	geboren, dort aufgewachsen, haben dort ihr Leben verbracht und werden vermutlich auch dort sterben. Die Familie und ihr Ursprung haben für sie eine große Bedeutung. Es ist wichtig für diese Menschen, sich in einer sicheren und gewohnten Umgebung zu befinden sowie einen geregelten Alltag zu führen.
Entwicklungs-aufgabe	Ein Teil der Entwicklungsaufgabe dieser Persönlichkeiten liegt in dem Umsorgen ihres Körpers. Sie sollten stets darauf achten, einen gesunden Lebensstil zu führen, der ihre Vitalität stärkt, sodass sie mehr Lebensmut finden. Der zweite Teil ihrer Lebensherausforderung fordert ebendiesen Mut, denn auch wenn sie sich am sichersten in einem gewohnten Umfeld fühlen, so würde es für eine angenehme Abwechslung sorgen, wenn diese Menschen sich auch einmal außerhalb ihrer Sicherheitsblase, auch Komfortzone genannt, begeben würden. Denn erst hier, wo sie sich ihren Ängsten und Herausforderungen stellen müssen, können sie persönlich wachsen. Sie sollten auch einmal etwas wagen und aus ihrer Welt ausbrechen, um sich selbst besser kennen zu lernen. So nehmen sie auch einmal die anderen Seiten an sich wahr, die sonst verborgen liegen, weil sie nicht benötigt werden.

	Zwischen dem Daumen und der Zone des Jupiters
	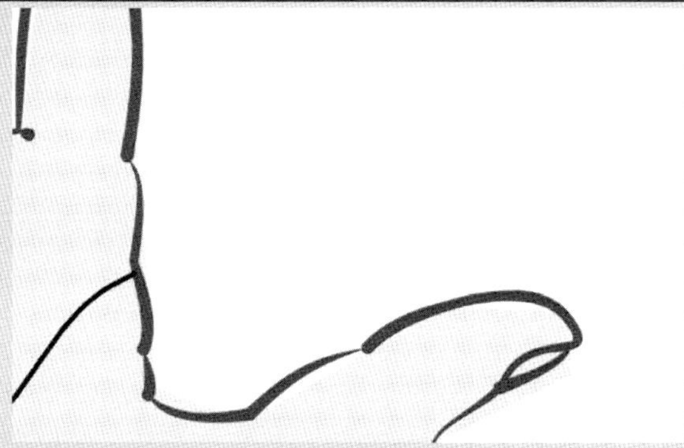
Beschreibung	Hier beginnt die Lebenslinie an der Außenseite der Hand in der Mitte zwischen dem Daumen und dem Jupiterberg, der sich unter dem Zeigefinger befindet. Von hier aus nimmt die Falte ihren Verlauf.
Deutung	Charaktere, deren Lebenslinie ihren Ursprung in der Mitte zwischen der Zeigefinger- und der Daumenwurzel findet, sind meist eher ausgeglichen. Sie sind sich ihrer Fähigkeiten bewusst und wissen deshalb, dass sie mit jeder Herausforderung umgehen können. Bei manchen Menschen rutscht der Anfang der Lebenslinie auch noch ein Stückchen höher in die Richtung der Zone des Jupiters. Das weist auf eine Persönlichkeit hin, die besonders ehrgeizig ist und in deren Leben Reichtum, Ruhm und Erfolg eine sehr große Rolle spielen. Je höher der Ursprung der Lebenslinie liegt, also je dichter er sich am Jupiterberg befindet, desto stärker sind diese Eigenschaften ausgeprägt.
Entwicklungs-aufgabe	Das Selbstbewusstsein, dass sie es mit jeder Herausforderung aufnehmen können, ist eine wunderbare Eigenschaft, die die schwierigen Zeiten des Lebens leichter macht. Nun gilt es nur noch, ihre Talente und Fähigkeiten auch produktiv einzusetzen, sodass alle davon profitieren können. Es besteht die Neigung zum übermäßigen Ehrgeiz, der jedoch der Erfüllung der persönlichen Bestimmung im Weg steht. Eifer ist kein schlechtes Charaktermerkmal – ganz im Gegenteil zeugt er von der Fähigkeit, die eigenen Visionen und Ideen

auch umsetzen zu können. Schlägt dieser jedoch um, da der Wunsch nach Reichtum und Anerkennung zu groß ist, entfernen sie sich von dem eigentlichen Grund ihrer Arbeit. Die Entwicklungsaufgabe besteht darin, den Materialismus zu überwinden und herauszufinden, warum der Ehrgeiz so stark ist und was das Verlangen nach Anerkennung und finanzieller Sicherheit antreibt. Deshalb sollten sich diese Persönlichkeiten nach ihrem „Warum" fragen:

- Warum tun sie das, was sie tun?
- Welcher Antrieb steckt dahinter?
- Was wollen sie mit ihrer Arbeit bezwecken?

Ihre Intention hinter ihren Projekten sollte primär nicht die Befriedigung der materiellen Wünsche, sondern vielmehr das Ausleben ihrer Lebensaufgabe sein. Wenn sie das, was sie tun, aus den richtigen Gründen tun, werden sie auch mit Erfolg auf allen Ebenen belohnt werden.

Selbsttest

Nun sind Sie gefragt …

Nachdem Sie im vergangenen Kapitel etwas über die verschiedenen Ausprägungen der Lebenslinie gelernt haben, lade ich Sie nun erneut dazu ein, Ihre Hände zu untersuchen. Welche Form nimmt Ihre Lebenslinie an?

1. Betrachten Sie die Lebenslinie auf Ihren Händen und schreiben Sie auf, was Ihnen auffällt. Notieren Sie auch die feinen Details.

2. Überlegen Sie, inwiefern die Interpretationen auf Sie zutreffen könnten. Können Sie in Ihrem Leben Dinge wahrnehmen, die auf die Beschreibungen der Lebenslinien zutreffen? Vermerken Sie auch dies.

3. Blicken wir nun auf die Entwicklungsaufgaben: Mit welchen Herausforderungen können Sie sich identifizieren? Welchen Aufgaben stehen Sie momentan in Ihrem Leben gegenüber und inwiefern können die hier vorgebrachten Hilfestellungen bei der Lösung der Probleme helfen?

Ihre Notizen:

Welche Ausprägung besitzt Ihre Lebenslinie? Wo befindet sie sich genau, wie ist sie aufgebaut und wo nimmt sie ihren Ursprung?

______

______

Welche der zugehörigen Merkmale beschreiben Ihre Persönlichkeit?

______

Mit welchen Herausforderungen haben Sie momentan in Ihrem Leben zu kämpfen und können diese auf die Entwicklungsaufgaben zurückgeführt werden?
Welche der hier vorgestellten Hilfestellungen könnten Sie möglicherweise bei der Bewältigung der Aufgaben unterstützen?
Wie können Sie dies konkret in Ihrem Alltag umsetzen?

______

______

______

______

______

Die wichtigsten Nebenlinien

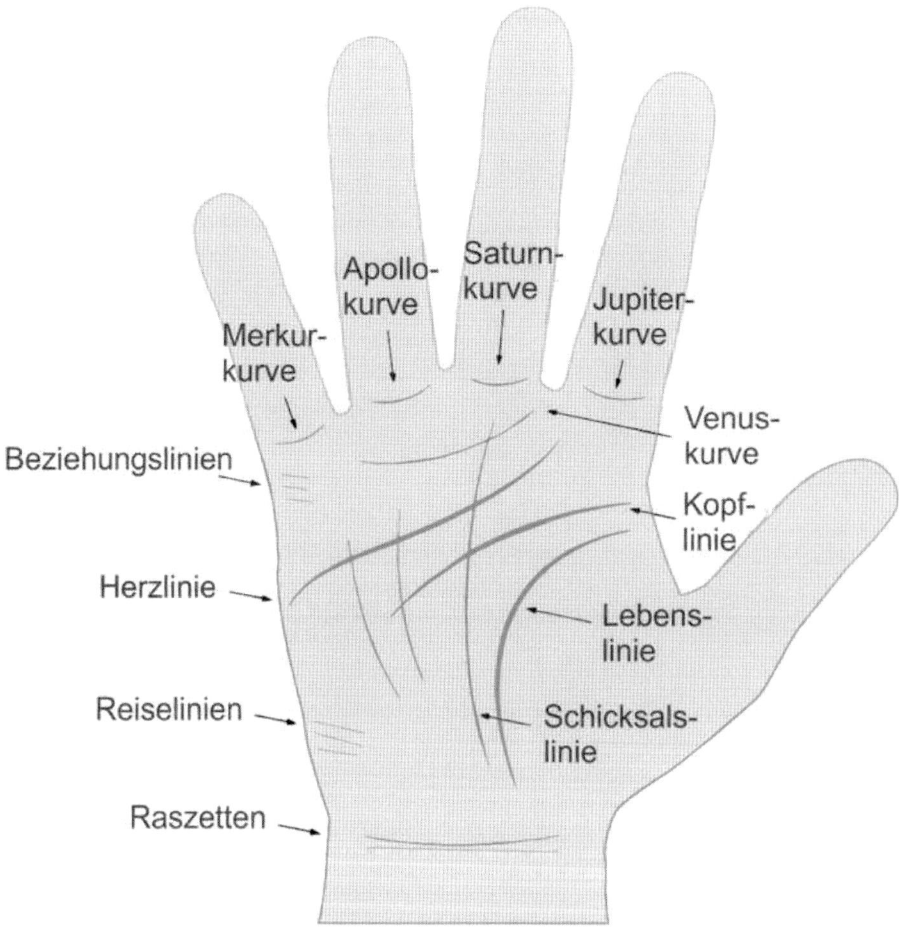

DIE JUPITERLINIE

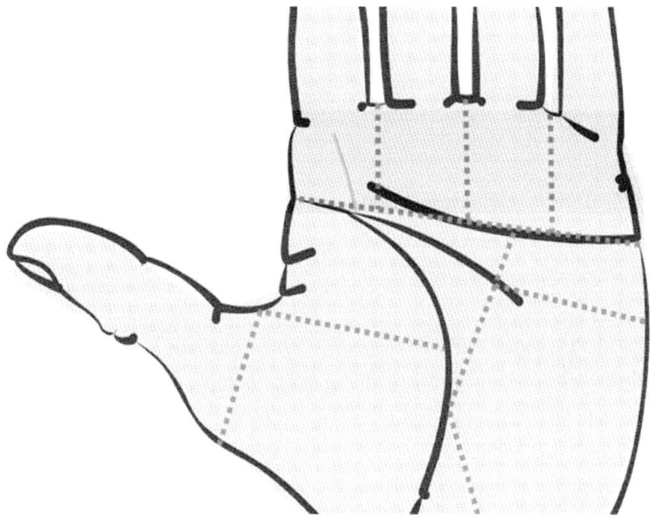

Die Jupiterlinie wird auch die *Schutzengellinie* genannt – und wie der Name verrät, zeigt diese Furche besondere Merkmale an. Sie kann auf der Innenseite der Hand an der Daumenseite unter dem Zeigefinger gefunden werden, sie ist jedoch nicht bei jedem Menschen vorhanden. Sie fängt entweder am Startpunkt der Lebens- oder der Kopflinie an und zieht sich von dort aus hoch zum Jupiterberg. Das ist der Grund für die Bezeichnung „Jupiterlinie".

Die Besonderheit, die sich hinter der Schutzengellinie verbirgt, ist, dass sie bei Menschen aufzufinden ist, die die Welt aus einem Blickwinkel der Religiosität beziehungsweise Spiritualität betrachten. Dank dieser inneren, fest verankerten Sichtweise auf das Leben sind sie in der Lage, Herausforderungen resilienter bewältigen zu können und Gefahren besser überstehen zu können. Ihre spirituelle Einstellung ihres Geistes verleiht diesen Persönlichkeiten eine Art Schutz, denn mit der richtigen Herangehensweise können sie auch noch so problematische Lebenslagen überwinden. Je intensiver die Furche ausgeprägt ist, desto stärker zeigen sich auch ihre Merkmale im Leben des Trägers.

DIE APOLLOLINIE

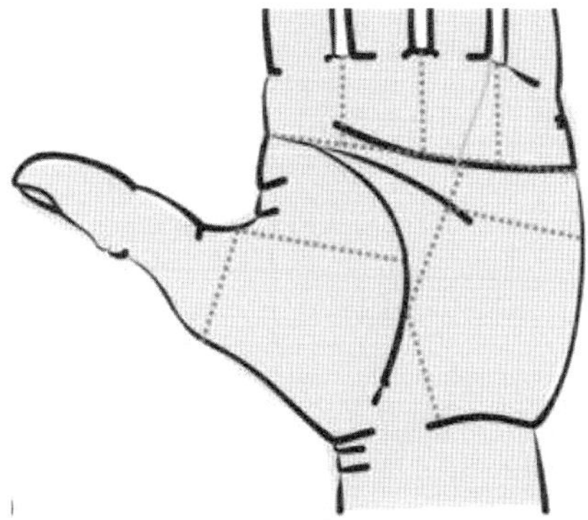

Die Apollolinie, die auch unter dem Namen *Erfolgs- oder Sonnenlinie* bekannt ist, gibt dem Handleser Auskünfte über den beruflichen Erfolg, die Anerkennung in wirtschaftlicher Hinsicht und darüber, mit welchen Begabungen dieser Erfolg erreicht werden kann. Auch wie viel Anziehungskraft, Herzenswärme und Einfühlungsvermögen eine Persönlichkeit besitzt sowie ihren Beliebtheitsgrad bei anderen Menschen zeigt diese Handfurche an, zudem repräsentiert sie Glück. Wer eine Apollolinie besitzt, kann sich also glücklich schätzen, denn sie ist ein günstiges Zeichen. Der Gestaltungsdrang eines Individuums und sein Bedürfnis nach Anerkennung, Wertschätzung und Selbstausdruck werden bei dieser Furche gedeutet. Mehrere Apollolinien fordern den jeweiligen Menschen auf, zu erforschen, wo seine Talente und Begabungen liegen und wie er diese am besten als Ausdruck seines Selbst einsetzen kann. Besondere Fähigkeiten müssen jedoch auch trainiert werden, damit sie sich weiterentwickeln können und nicht mittelmäßig bleiben. Wenn er seine Bestimmung findet und diese auslebt, wird er unweigerlich Erfolg und damit auch Anerkennung ernten. Meist oberhalb der Herzlinie beginnend, verläuft die Sonnenlinie stets parallel zur Schicksalslinie auf der Seite zur äußeren Handkante am kleinen Finger hin. Auf der rechten Hand befindet sie sich also links von der Schicksalslinie, während sie sich auf der linken Hand rechts von dieser befindet. Sie ist jedoch nur selten lang.

Beginnt diese Handfalte in der Zone des Mondes, so spricht man in der Kunst des Handlesens von einer Talentlinie, die, wie ihr Name bereits verrät, auf eine besonders stark ausgeprägte Begabung hinweist. Dank des Einflusses des Mondes steht diese Fähigkeit in Zusammenhang mit Fantasie und Intuition. Ist die Sonnenlinie sehr lang und findet sie ihren Ursprung in der Handwurzel, so deutet dieser Umstand auf einen Menschen hin, der vermutlich seinen beruflichen Werdegang im künstlerischen Bereich gehen wird.

Ist die Apollolinie nicht vorhanden, so bedeutet dies meistens, dass der betroffene Mensch mehr und härter arbeiten muss, um erfolgreich zu sein.

DIE LIEBESLINIEN

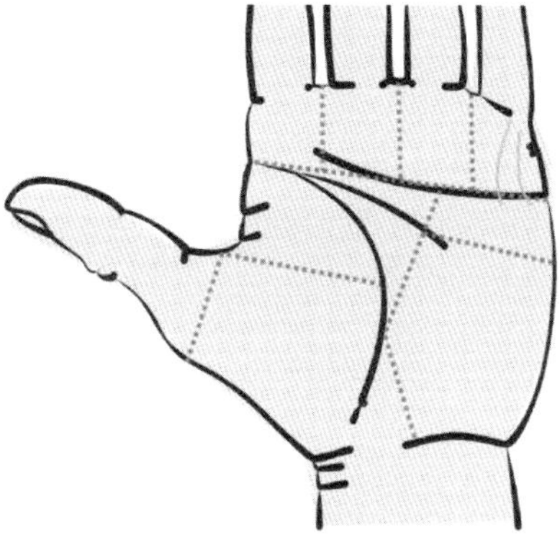

Die Liebeslinien sind meist mehrere Furchen auf der Hand, die sich mit allem rund um das Thema der Liebe und Liebesbeziehungen beschäftigen. Fragen, wie zum Beispiel, wie viele Partner man in seinem Leben haben wird oder wann man seine große Liebe treffen wird, werden durch die Deutung der Liebeslinien beantwortet. Dabei steht jede Falte für einen Menschen, mit dem man eine Beziehung eingehen wird. Die Lage der Linie auf der Handfläche verrät, wann diese zwischenmenschliche Verbindung eingegangen wird. Anhand der Ausprägung der Falten kann abgelesen werden, wie die Beziehung an sich gestaltet sein wird. Aus diesen Gründen sind die Anzahl und die Ausprägungen der Liebeslinien stark variabel von Mensch zu Mensch. Zusammengefasst gibt die Anzahl der Linien einen Hinweis auf die Quantität der Partnerschaften im Leben, die Lage gibt Aufschluss über den Zeitpunkt und die Beschaffenheit der Linien spiegelt die Qualität der Liebe wider. Um die Liebeslinien auf der Hand zu finden, hilft die Orientierung an der Herzlinie, die häufig bis zum äußeren Ende der Handfläche verläuft. Auf dieser Seite, und zwar dort, wo sich auch der kleine Finger befindet, liegen die Liebeslinien. Sie befinden sich zwischen dem kleinen Finger und der Herzlinie, wobei sie sich sehr weit außen an der Handkante abzeichnen.

Ist die Liebeslinie besonders tief und dunkel, so spricht dies für eine sehr ernsthafte Beziehung, die lange währen wird und die wahrscheinlich durch eine Eheschließung gefestigt wird. Je flacher und schwächer eine Furche ist, desto kurzfristiger und weniger bedeutsam wird auch die Liebe für das Leben des jeweiligen Menschen sein. Die Länge der Linie an sich gibt zudem Aufschluss darüber, ob es eine lockere On-off-Beziehung sein wird, die durch eine kurze Liebeslinie gekennzeichnet wird, oder eine leidenschaftliche Langzeitpartnerschaft, die durch eine lange Liebeslinie symbolisiert wird. Deswegen lässt eine überdurchschnittlich lange Furche eine Seelenverwandtschaft zwischen den Partnern vermuten. Eine Unterbrechung hingegen deutet eine Trennung oder Scheidung an.

Der Abstand zur Herzlinie entscheidet darüber, zu welchem Zeitpunkt die Partnerschaft eingegangen wird. Liegt die Liebeslinie beispielsweise besonders dicht an der Herzlinie, so wird die Beziehung bereits sehr früh im Leben des Trägers eingegangen werden. Zeigt sich jedoch eine Liebeslinie dichter am kleinen Finger, also weiter oben, so muss das Individuum noch ein wenig abwarten, denn es wird seinem Partner erst in einem späteren Lebensabschnitt begegnen. Um den Zeitpunkt genauer bestimmen zu können, hilft es, zu wissen, dass die Mitte zwischen dem kleinen Finger und der Herzlinie ein Lebensalter von etwa 30 Jahren repräsentiert. Von hier aus kann man eine gute Orientierung finden und relativ genau bestimmen, in welchem Lebensabschnitt die Liebe geprägt wird.

DER SATURNRING

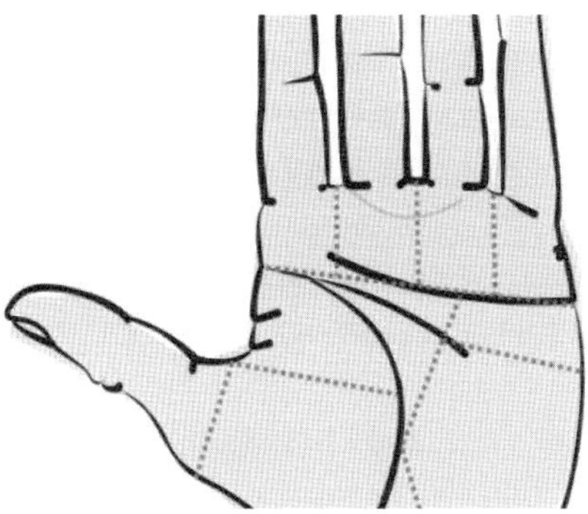

Der Saturnring ist eine Linie mit der ungefähren Form eines Halbkreises, die unterhalb der Zone des Saturns, also unter dem Mittelfinger, lokalisiert werden kann. Im Gegensatz zu anderen Falten ist diese recht selten vorzufinden, was nicht unbedingt etwas Schlechtes ist, denn sie ist tendenziell ein negatives Zeichen.

Charakteren, die einen Saturnring besitzen, wird nachgesagt, eher erfolglos im Leben zu sein, wobei es ihnen selten gelingt, ihre Vorhaben zu verwirklichen. Auch in sozialer Hinsicht sind dies meist Außenseiter, die irgendwie nie so richtig dazugehören – das ist ihnen allerdings durchaus bewusst. Die Persönlichkeit dieser Menschen wird meist als sehr hartnäckig, eigensinnig, kritikunfähig bis hin zu düsteren Denkweisen beschrieben. In erster Linie repräsentiert der Ring des Saturns jedoch den ständigen Wandel im Leben, zum Beispiel in beruflicher Hinsicht. Aus diesem Grund wechseln Individuen mit dieser Handlinie häufig den Job oder lassen sich häufig schnell wieder scheiden, sollten sie einmal geheiratet haben. Der Mangel an kontinuierlichem Verhalten bringt jedoch eine Fruchtlosigkeit, vor allem im Bereich der Karriere, mit sich. Doch auch andere Lebensbereiche, wie im Bereich der Liebe oder innerhalb von zwischenmenschlichen Beziehungen, werden von diesen Merkmalen beeinflusst.

DIE URANUSLINIE

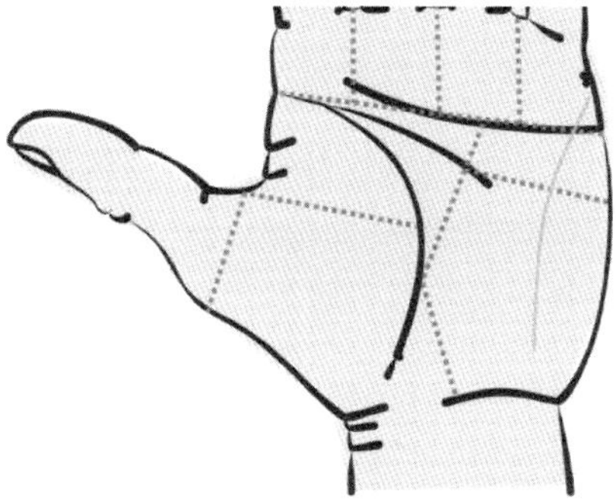

Eine weitere Nebenhandlinie ist die Uranuslinie, die auch unter dem Begriff Linie der Intuition gefunden werden kann. Sie befindet sich an der äußeren Kante der Hand auf der Seite des kleinen Fingers. Diese Furche beginnt in der Zone des Mondes und verläuft mit einer leichten Krümmung zur Zone des Merkurs. Die Wölbung der halbkreisförmigen Linie zeigt dabei zur Mitte der Handfläche hin.

Findet ein Handleser die Uranuslinie, so wird dies als ein positives Zeichen gedeutet, da diese Falte auf Originalität, Einfallsreichtum und einen besonders ausgeprägten sechsten Sinn hinweist. Meist besitzt der Träger sogar hellseherische Fähigkeiten, doch immer sind es Menschen mit zumindest medialen Veranlagungen. Je tiefer die Linie der Intuition ist, desto stärker arbeitet die jeweilige Persönlichkeit bereits mit ihrem intuitiven Wissen. Sie besitzt viele kreative Visionen und hat immer einen guten Einfall. Eine Unterbrechung der Falte zeugt jedoch von einer Störung in dieser Hinsicht, die sich zum Beispiel durch fantastische, schräge, bizarre oder alberne Gedankengänge zeigen können.

DER VENUSGÜRTEL

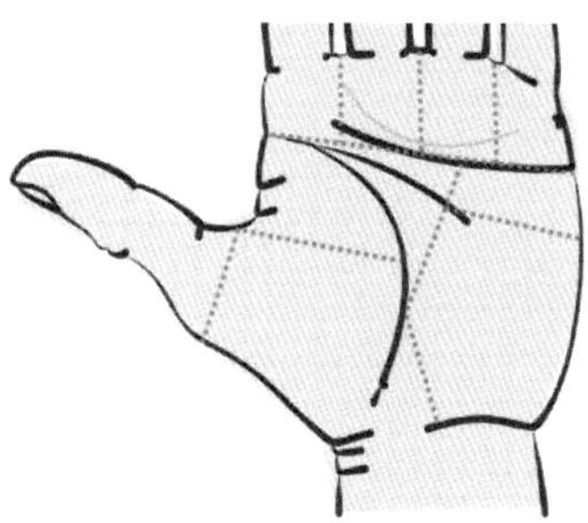

Der Venusgürtel, der auch als Ring der Venus bezeichnet werden kann, ist eine Furche im oberen Teil der Handfläche, die oberhalb der Herzlinie liegt. Sie nimmt ihren Anfang in der Form eines Halbkreises zwischen dem ersten und zweiten Finger und zieht sich bis zwischen den dritten und vierten Fingeransatz. Der Ring der Venus thematisiert die Liebe und Partnerschaften, meist bildet sich die Furche bei besonders sensiblen Charakteren, die launenhaften Stimmungen unterlegen und schnell verletzbar sind, aber auch einen Sinn für Ästhetik haben sowie künstlerische und schöpferische Begabungen besitzen. Auch hier gilt wieder: Die Art der Beschaffenheit der Handlinie liefert Informationen über die Ausprägung der Merkmale des Trägers, die mit der Linie assoziiert werden.

Bei dem Venusgürtel bedeutet dies, dass ein harmonisch geformter Halbkreis auf eine sensible Persönlichkeit mit viel Einfühlungsvermögen und Sinnlichkeit hindeutet. Verläuft die Linie parallel zur Herzlinie, so spricht man in der Kunst des Handlesens von einem sehr emotionalen Menschen, der launenhaft, aufbrausend bis hin zu egoistisch sein kann. Wenn er sich nicht länger angegriffen fühlt, kommt auch wieder seine großzügige, sympathische und feinfühlige Natur zum Vorschein.

Der wellige Ring der Venus spricht für eine pessimistische Weltanschauung und große Unentschlossenheit bei gleichzeitig stark ausgeprägter Abhängigkeit zu anderen Menschen. Kreuzt sich die Furche mit der Herzlinie, so symbolisiert dies Irrwege. Ein solches Individuum neigt dazu, starrsinnig und stur zu sein, denn es hält besonders im jungen Alter an seinen Überzeugungen fest, komme, was wolle. Zudem ist es so enthusiastisch, dass es sich schnell in die unterschiedlichsten Dinge mit reinziehen lässt und sich häufig abhängig von anderen macht.

Ein doppelter Venusgürtel zeugt jedoch von einer übermäßig ausgeprägten Sensibilität, die durch Überempfindlichkeit sichtbar wird.

Liegen noch weitere, parallel zueinander verlaufende Venuslinien vor, ist die Persönlichkeit wissbegierig, motiviert, nimmt sich selbst aber auch sehr ernst und stellt sich öfter besser dar, als sie eigentlich ist. Sind diese vielen Linien unordentlich angeordnet, so spricht es für einen Menschen, auf den man sich in der Regel nicht verlassen kann. Selbstbeherrschung und Kritikfähigkeit sind nicht seine Stärken, jedoch verstärkt die Anzahl der Falten seine Sinnlichkeit. Ein kurzer Venusgürtel deutet auf einen kleinlichen, unflexiblen und misstrauischen Charakter hin.

Grundsätzlich ist der Ring der Venus eine Handlinie, die ohne Unterbrechungen verläuft. Sollte die Furche jedoch nur stückweise vorhan-den sein, besitzt der Mensch nicht nur Feinfühligkeit und Mitgefühl, sondern auch entgegengesetzte negative Eigenschaften, darunter zum Beispiel die Neigung zur nervösen Unruhe. Entspannung fällt diesem Individuum schwer, weshalb es stets unterwegs ist und immer irgendetwas zu erledigen hat.

DIE RASZETTEN

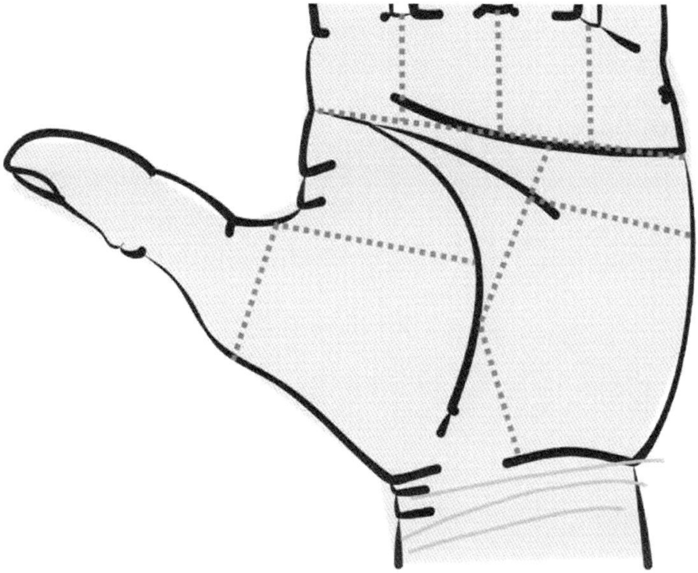

Die Raszetten sind jene Falten, die am Handgelenk zu finden sind, und zwar an der Stelle, wo auch ein Armband liegen würde. Auch wenn dieser Bereich theoretisch nicht mehr zur Hand gehört, so spielt er dennoch eine Rolle und wird deshalb innerhalb der Kunst des Handlesens mit in die Deutung des Lebens eines Menschen einbezogen. Raszetten geben Aufschluss über die vorhandene und angeborene Lebenskraft, die des weiteren Einfluss auf die Vitalität und die allgemeine Gesundheit hat. Gut ausgeprägte Raszetten weisen auf ein glückliches und zufriedenstellendes Leben mit einer guten gesundheitlichen Verfassung hin. Schmale und schwache Furchen am Handgelenk repräsentieren jedoch eine Anfälligkeit für Krankheiten. Sind Unterbrechungen festzustellen, wird der Träger in seinem Leben vermutlich einige Aufgaben und Krisen zu bewältigen haben. Bei Verkettungen und dünnen Falten lohnt es sich, die restliche Hand auf weitere Zeichen der körperlichen Schwächen zu untersuchen. Um die Raszetten gut beurteilen zu können, hilft es, das Handgelenk hin- und herzubewegen, denn so kommen die Falten besonders gut zum Vorschein. Im optimalen Fall sind unter der Handwurzel drei klar abgegrenzte Raszetten vorhanden, denn diese sind ein Zeichen des Glücks. Das ist jedoch ein eher seltener Anblick, da die meisten Menschen hier kleinere Brüche, Ketten oder Wellen aufweisen.

Selbsttest

Nun sind Sie gefragt ...

Nachdem Sie im vergangenen Kapitel etwas über die verschiedenen Nebenlinien gelernt haben, lade ich Sie nun erneut dazu ein, eine Beobachtung Ihrer eigenen Hände durchzuführen, um weitere Erkenntnisse bezüglich Ihres Charakters zu gewinnen. Welche Nebenlinien können Sie auf Ihren Händen feststellen und welche fehlen?

1. Richten Sie sich dafür zunächst so ein, dass Sie die Tipps für die praktische Anwendung des Wissens aus dem Kapitel „Die Grundlagen der Handlesekunst" berücksichtigen.

- Die Lichtverhältnisse sollten stimmen.

- Betrachten Sie immer beide Hände.

- Bewegen Sie die Finger, um sie aus jedem Winkel betrachten zu können.

- Achten Sie auf die Details.

2. Betrachten Sie ausgiebig die Innenflächen Ihrer beiden Hände und identifizieren Sie anhand der oben genannten Lagebeschreibungen die Nebenlinien Ihrer Hände. Nehmen Sie sich dafür genügend Zeit, damit Ihnen auch kein Merkmal entgeht.

3. Schreiben Sie Ihre Beobachtungen möglichst detailliert in den dafür vorgesehenen Notizbereich weiter unten.

4. Ordnen Sie dem Verlauf und der Ausprägung Ihrer Nebenlinien die jeweiligen Charakterzüge zu, die im Kapitel weiter oben genannt wurden. Nun widmen Sie sich genau diesen Eigenschaften, indem Sie alle Eigenschaften in der linken Spalte der Tabelle im Notizbereich festhalten, mit denen Sie sich identifizieren können. In der rechten Spalte hingegen notieren Sie alle verbliebenen Merkmale, mit denen Sie sich nicht unbedingt beschreiben würden.

5. Reflektieren Sie Ihre Notizen analog zu den Übungen, die Sie bereits ausgeführt haben.

- Befinden sich Charakterzüge in der Liste, die Sie scheinbar schon immer aufweisen, und welche, die Sie erst seit geraumer Zeit an sich wahrnehmen konnten?

- Gibt es möglicherweise Eigenschaften, die Sie überrascht haben, weil Sie erst jetzt erkannt haben, dass diese auf Sie zutreffen?

- Sind Sie auf Merkmale gestoßen, auf die Sie vielleicht bereits durch Freunde oder Verwandte aufmerksam gemacht wurden?

6. Wenn Sie sich die rechte Spalte der Tabelle mit den Eigenschaften anschauen, die Sie eher nicht für sich zutreffend finden, können Sie dann Situationen oder Momente in Ihrem vergangenen Leben finden, bei denen Sie möglicherweise ebendiese Merkmale aufwiesen? Achten Sie darauf, gut darüber nachzudenken und ehrlich zu sich zu sein. Markieren Sie anschließend diese potentiell zutreffenden Charakterzüge in der rechten Spalte der Tabelle mit einem Sternchen (*), einem Textmarker oder kreisen Sie diese ein.

Ihre Notizen:

Welche Beobachtungen fallen Ihnen bezüglich Ihrer Nebenlinien auf? Welche Furchen sind vorhanden und welche fehlen gänzlich?

Jupiterlinie:

___

Apollolinie:

___

*Liebeslinien:*___

Saturnring:

___

Uranuslinie:

___

Venusgürtel:

___

Raszetten:

___

Notieren Sie nun alle Merkmale, die den Ausprägungen Ihrer Handzonen, die auf Sie zutreffen, zugeordnet werden können. Unterscheiden Sie dabei zwischen Eigenschaften, die Sie selbst an sich wahrnehmen können, und jenen, mit denen Sie sich nicht oder eher weniger identifizieren können.

Nebenlinie	Zutreffende Eigenschaften	Nicht zutreffende Eigenschaften
Jupiterlinie	-	-
Apollolinie	-	-
Liebeslinien	-	-
Saturnring	-	-
Uranuslinie	-	-
Venusgürtel	-	-
Raszetten	-	-

Die Techniken und Methoden des Handlesens

DIE INTUITIVE TECHNIK

Das Lesen aus der Hand ist immer auch ein intuitiver Prozess – Sie können dabei selbst entscheiden, zu welchem Grad Sie Ihre Intuition in die Deutung einbeziehen möchten. Manche Menschen vertrauen lediglich auf die wissenschaftlichen Beweise, die die Funktionsweise der Methode unterstreichen, und hören demnach nicht auf ihre innere Stimme. Doch wenn Sie einer derjenigen sind, der bei der Interpretation der Zeichen auf der Hand nicht auf seinen sechsten Sinn verzichten möchte, dann ist die Technik des intuitiven Handlesens genau das Richtige für Sie.

Jeder Mensch besitzt die Fähigkeit, die innere Stimme in den Prozess einzubeziehen. Wie bei vielem im Leben ist hier lediglich etwas Übung und Geduld gefragt, denn bei den meisten Menschen muss diese Fähigkeit erst erweckt oder wieder entdeckt werden. Diese Technik basiert auf der Annahme, dass jedes Individuum bereits all das benötigte Wissen in sich trägt, um treffsichere Aussagen zu auftretenden Fragen formulieren zu können – dies trägt den Namen Intuition.

Definition Intuition:
Intuition ist eine Form der Ahnung, die scheinbar aus dem Nichts in den Gedanken auftaucht. Sie wird häufig auch als „Bauchgefühl" bezeichnet und stellt eine individuelle Wahrnehmung des Menschen dar. Der sechste Sinn, wie die Intuition auch genannt wird, agiert unabhängig von jeder Logik und fernab des Verstandes, weshalb diese Kraft nicht erklärbar ist. Viele Menschen können sich die Quelle ihrer Vorahnungen nicht erklären, doch das Gefühl der inneren Stimme ist unverkennbar und sie ist oft so präsent, dass sie nicht geleugnet werden kann. Doch warum ist die Intuition so wichtig? Es gibt Situationen im Leben, in denen Sie nicht ohne Ihr Bauchgefühl Entscheidungen treffen können. Wenn rationelles Denken versagt, ist der sechste Sinn gefragt:
- **Überflutung von Informationen:** Das menschliche Gehirn ist in der Lage, nur eine bestimmte Anzahl von Informationseinheiten aufzunehmen und zu verarbeiten. Prasselt jedoch mehr auf uns ein, als wir auffassen können, sind wir überfordert und eine rationale, auf Logik basierende Entscheidung ist nicht mehr möglich. Hier hilft es nur noch, dem Bauchgefühl zu vertrauen.

- **Mangel an Informationen:** Wenn wir nicht genügend Informationen zur Verfügung haben, um eine Entscheidung treffen zu können, müssen wir uns unweigerlich auf unsere intuitiven Impulse verlassen. Diese haben im Gegensatz zu unserem Verstand einen Zugriff auf den Wissensspeicher unseres Unbewusstseins – ein klarer Vorteil also.

- **Hochkomplexe Situation:** Manche Herausforderungen sind so umfangreich, dass sie uns in unserer Handlungsfähigkeit einschränken. Unser sechster Sinn hingegen reduziert Vielschichtigkeit eines Problems.

- **Augenblickentscheidung:** Nicht selten müssen wir eine Entscheidung jetzt und sofort, ohne Umschweifen und ohne Zeit zum Nachdenken treffen, da dies die Situation erfordert. Wenn keine Vorbereitungen getroffen werden konnten, um rationell und logisch für oder gegen etwas zu argumentieren, müssen wir uns wohl oder übel auf den ersten Gedanken, der in unserem Geist auftritt, verlassen. Oft ist genau dieser der richtige, wie zum Beispiel diverse Unfallsituationen zeigen, die dank der richtigen spontanen Reaktion des Beteiligten noch einmal glimpflich ausgegangen sind.

- **Kreative Tätigkeiten:** Kreative Prozesse sind nicht berechenbar und deshalb findet der Verstand hier keinen Einflussbereich. Wenn wir unkonventionelle Lösungswege oder Antworten auf Fragestellungen benötigen, wofür noch keine

Lösungen existieren, kann uns nur die Intuition weiterhelfen, die außerhalb der bekannten Gedankenstrukturen agiert.

- **Mitmenschen und zwischenmenschliche Beziehungen:** Besonders, wenn es um nonverbale Informationen, unterschwellige Botschaften und Gefühle geht, hilft uns die Intuition bei dem Umgang mit anderen Menschen. Auch in Beziehungen, in denen eher Gefühle und Emotionen als Logik und Verstand gefragt sind, ist die innere Stimme der beste Wegweiser.

Um eine intuitive Vorahnung nicht mehr zu verpassen, wenn sie wieder einmal wie aus dem Nichts auftaucht und dann auch schon wieder verschwunden ist, sollten Sie die Signale kennen lernen. Die Intuition kann sich zum Beispiel durch eine plötzliche Erinnerung an eine vergangene Situation, einen unerwarteten Gedanken oder eine andere Form eines geistigen Bildes beziehungsweise einer Vision zeigen. Zudem sind besonders selektive Wahrnehmungen auffällig, die als Gedanken oder Sinneseindrücke auftreten – hier sollten Sie aufmerksam werden, denn meist verbergen sich hinter diesen Wahrnehmungen Anhaltspunkte für die Lösung eines Problems, mit dem Sie sich möglicherweise zu diesem Zeitpunkt herumschlagen. Auch, wenn Sie sich in einem Zustand der tiefen Verbundenheit und dem Einssein mit allem, was ist, befinden, wird die Stimme Ihres sechsten Sinnes sehr präsent sein.

Die Intuition kann besonders dann frei fließen, wenn Sie sich einer Tätigkeit voll und ganz hingeben, zum Beispiel einer sportlichen Aktivität nachgehen, in Gedanken vertieft sind oder Sie in einer persönlichen Herzensangelegenheit aufgehen. Viele Persönlichkeiten handeln deswegen ganz ihrem Bauchgefühl nach, wenn es um ihre Begabungen oder ihre Bestimmung geht. Deshalb sollte man versuchen, in die absolute Stille zu gehen, indem einer meditativen Praxis nachgegangen wird. Normalerweise hören wir rund um die Uhr die Stimme in unserem Kopf, die uns mit alltäglichen Sorgen, Belastungen, Beurteilungen und Zweifeln behelligt, weshalb die Gedankenlosigkeit eine seltene Empfindung für uns ist. Ganz wichtig ist, anzumerken, dass dieses innere Gedankenchaos, das einem Geschwätz gleicht, nicht mit der Intuition zu verwechseln ist, denn Letztere entsteht immer aus der Liebe heraus. Aus diesem Grund sind Meditationsübungen so beliebt für die Herstellung der Verbindung zur eigenen Intuition, denn wie bereits beschrieben wird die innere Stimme besonders deutlich wahrgenommen, wenn ein geistiger Zustand der inneren Ruhe und des Friedens erreicht wird.

Um die intuitive Technik des Handlesens zu erlernen, besteht die erste Aufgabe darin, die eigene innere Stimme zu fördern. Folgen Sie dazu den nun aufgelisteten Ratschlägen. Das Intuitionstraining können Sie spielerisch und ohne großen Aufwand in Ihren Alltag integrieren.

Intuitionstraining Nummer 1: Meditative Praktiken

Um Ihre innere Stimme laut und deutlich hören zu können, müssen Sie zunächst das Geplapper des inneren Gedankenchaos leiser stellen. Das gelingt am besten durch meditative Praktiken. Die wohl bekannteste ist die klassische Meditation, aber auch Yoga oder andere Sportarten sind Techniken zur Beruhigung, Entspannung und Öffnung des Geistes. Selbst das Malen, Singen oder Tanzen haben den gleichen Effekt. Alle Tätigkeiten, die so einnehmend sind, dass der Geist keine Zeit hat, um seine üblichen ablenkenden Kommentare zu geben, können zu einer Meditation werden.

- **Meditieren Sie jeden Tag mindestens einmal.** Das können auch nur fünf Minuten sein, wenn Sie nicht mehr Zeit finden. Nach dem Aufstehen und vor dem Schlafengehen sind eine vorteilhafte Zeit, doch auch in der Mittagspause auf der Arbeit wird das Meditieren einen beruhigenden und entspannenden Effekt auf Sie haben, von dem Sie noch den gesamten Tag profitieren werden.

Link oder QR-Code zu geführten Meditationen

http://bit.ly/3Rd9YgN	https://bit.ly/3JoBXrO
Erdung für mehr Stabilität	Atemübung

- **Bewegen Sie sich regelmäßig.** Suchen Sie sich eine Sportart heraus, an der Sie viel Freude haben und bei der es Ihnen leicht fällt, sie öfter auszuüben – bestenfalls mehrmals die Woche. Yoga ist als meditative Praxis eine der besten Bewegungsarten, da dort gezielt an der Vereinigung zwischen Bewegung, Atem und dem Geist gearbeitet wird.

- **Erlernen Sie etwas Neues, das Ihre künstlerische Ader fördert.** Ob Singen, Tanzen, Malen oder Ähnliches: Tun Sie sich gutes und fördern Sie gleichzeitig Ihre Intuition, indem Sie kreative Dinge ausüben, die Ihnen Spaß machen.

Intuitionstraining Nummer 2: Unvoreingenommenheit und Offenheit

Für eine echte intuitive Eingebung müssen Sie unvoreingenommen sein und das Bauchgefühl zulassen können, selbst dann, wenn es Ihnen möglicherweise eine Antwort liefert, die Ihnen auf den ersten Blick nicht gefällt.

- **Schulen Sie Ihren Geist, offen zu sein.** Wann immer Sie im Alltag bemerken, dass Sie in Ihren Gedanken oder Worten etwas oder jemand anderen bewerten, werden Sie sich diesen Umstand bewusst. Manchmal laufen gewisse Gedankenprozesse wie automatische Programme in unserem Geist ab, ohne dass wir es in dem Moment überhaupt aktiv wollen. Indem Sie bemerken, wann Sie sich gegenüber anderen Sichtweisen, Meinungen und Lebensstilen verschließen und voreingenommen reagieren, können Sie dieses Verhalten nach und nach ablegen. So schulen Sie sich, offen für alles, darunter auch Ihr Bauchgefühl, zu sein. Dies ist übrigens auch eine hervorragende Übung zur Verbesserung der Achtsamkeit.

Intuitionstraining Nummer 3: Verbesserung der Wahrnehmung

Wollen Sie eine klare Eingebung erhalten, sollten Sie in der Lage sein, die Situation mit einer präzisen und klaren Wahrnehmung einschätzen zu können. Die Achtsamkeit zu schulen, wird Ihnen dabei helfen, auch die kleinen Details zu entdecken und das Wichtige vom Unwichtigen differenzieren zu können.

- **Achten Sie stets auf Ihre Sinneseindrücke.** Was sehen Ihre Augen, was hören Sie, was riechen Sie, was fühlen Sie, was schmecken Sie und was sagt Ihre innere Stimme? Schließen Sie keine Ihrer persönlichen Empfindungen jemals aus, auch wenn es Ihnen manchmal vielleicht komisch oder ungewöhnlich vorkommt, so zu empfinden. Doch alles, was Sie wahrnehmen, entspricht Ihrer Realität und sollte demnach beachtet werden.

- **Machen Sie Achtsamkeitsübungen.** Erleben Sie Ihren Alltag ganz bewusst, zum Beispiel, indem Sie die kleinen Details wahrnehmen.

o Wann immer Sie essen, tun Sie dies mit Achtsamkeit. Involvieren Sie all Ihre Sinne, indem Sie die Mahlzeit genaustens betrachten, den Geruch tief einatmen, die Konsistenz mit der Zunge erfühlen, jede Geschmacksknospe aktivieren und langsam essen. Verbannen Sie all Ihre Alltagsgedanken und konzentrieren Sie sich allein auf die Nahrungsaufnahme.

o Auch das Warten an der Ampel oder an der Supermarktkasse ist die perfekte Möglichkeit, um Achtsamkeit zu praktizieren. Statt sich über die lange Wartezeit aufzuregen, könnten Sie die Zeit nutzen und eine Mini-Meditation einbauen. Atmen Sie dafür einfach nur ganz bewusst ein und dann wieder aus. Achten Sie allein auf Ihren Atem.

o Jeder Schritt, den Sie gehen, könnte eine achtsame Übung sein. Wenn Sie das nächste Mal einen Spaziergang machen, konzentrieren Sie sich auf Ihren Körper, wie er ein Bein nach dem anderen nach vorne setzt, die einzelnen benötigten Muskeln anspannt und andere wiederum gedehnt werden.

Das sind die einfachsten Varianten, um sein Bewusstsein zu stärken, ohne gleichzeitig zu viel Zeit zu investieren. So haben quälende Alltagsgedanken keine Chance mehr und Ihre Intuition kann sich bemerkbar machen.

Intuitionstraining Nummer 4: Erweiterung des Wissens

Da die Intuition sich einerseits aus den Emotionen sowie Gefühlsimpulsen und andererseits aus dem im Leben angereicherten Wissen, also der Ratio und der Vernunft, zusammensetzt, ist es wichtig, dass Sie Ihr Wissen erweitern, indem Sie Erfahrungen sammeln. Ein Sportler zum Beispiel fängt einen Ball intuitiv. Da alles so schnell geht und sein Gehirn keine Zeit hat, um alle Informationen zu verarbeiten, muss er sich nach seinem Bauchgefühl richten. Doch je mehr der Sportler trainiert, also je mehr er über das Ballfangen lernt und Erfahrung darin sammelt, desto mehr wird auch seine Intuition geschult werden. Das Ergebnis ist ein Sportler, der den Ball noch besser und noch sicherer fangen wird.

- **Erweitern Sie Ihr Wissen.** Sammeln Sie Informationen aus verschiedensten Quellen zu den Themen, die Sie interessieren, um sich weiterzubilden. Seien Sie wie ein Schwamm, der alles unvoreingenommen aufsaugt und offen für alle Informationen ist. Ob durch das Lesen von Büchern oder Zeitschriften, das Surfen im Internet, das Interviewen von Experten oder das Unterhalten mit erfahrenden Menschen – jede Art von Wissen wird Sie weiterbringen. Je mehr Informationen in Ihrem Gehirn im Bewusstsein oder im Unterbewusstsein gespeichert werden können, desto mehr Informationen stehen auch Ihrer Intuition zur Verfügung. So werden Ihre intuitiven Bauchentscheidungen sicherer und konkreter.

Intuitionstraining Nummer 5: Empathie

Eine ausgeprägte Empathie, also die Fähigkeit, sich in seine Mitmenschen einfühlen zu können, wird Ihre Intuition stärken, da die zwischenmenschliche Verbundenheit eng mit dem sechsten Sinn zusammenarbeitet.

- **Versetzen Sie sich in die Lage Ihres Gegenübers.** Machen Sie es sich zur Übung, wann immer Sie sich mit einem Mitmenschen unterhalten, die Welt aus seiner Sichtweise sehen zu wollen. Besonders hilfreich ist diese Technik bei einem Streit, denn er kann sich schneller wieder auflösen, wenn sich die beteiligten Parteien aufeinander einstellen und einfühlen können.

Intuitionstraining Nummer 6: Kommunikation mit dem eigenen Bauchgefühl

Zu guter Letzt sollten Sie sich besonders zu Anfang, wenn Sie Ihre Intuition noch nicht so eindeutig von Ihren restlichen Gedankengängen unterscheiden können, gezielt Zeit und Raum nehmen, um dem Bauchgefühl zu lauschen.

- **Beginnen Sie damit, aktiv mit Ihrem Bauchgefühl zu kommunizieren.** Dabei kann es helfen, dass Sie sich direkt selbst Fragen stellen, wie zum Beispiel „Was rätst du, meine Intuition, mir bei diesem Problem?“ oder „Was hältst du für die richtige Entscheidung?“. Möglicherweise werden Sie sich dabei komisch vorkommen, doch diese Technik ist sehr effektiv. Im Laufe der Zeit werden Sie immer seltener aktiv nachfragen müssen, denn wenn Ihre innere Stimme gestärkt ist, wird Sie Ihnen auch Antworten ohne Nachfragen liefern.

Durch die hier vorgestellten Übungen werden Sie Ihren sechsten Sinn aktivieren und stärken – eine Eigenschaft, die Sie für das intuitive Handlesen dringend benötigen. Wann immer Sie eine Deutung der Linien, Zonen und Zeichen vornehmen wollen, öffnen Sie sich bewusst für alle Eingebungen, die sich in Ihnen bemerkbar machen. Hier hilft es besonders, die Sitzung vorzubereiten, indem Sie sich einen ruhigen, ungestörten Ort suchen und sich geistig entspannen. Wenn Sie selbst angespannt sind und an alltägliche Erledigungen denken müssen, können Sie nicht auf den vollen Wissensschatz Ihrer Intuition zurückgreifen. Wenn Sie jedoch Ihrer inneren Stimme lauschen können, wird es Ihnen auch problemlos möglich sein, das Handlesen intuitiv auszuführen.

Das intuitive Handlesen: eine Übung

Wenn Sie sich, wie oben vorgeschlagen, zum Beispiel durch eine Meditation auf die Übung vorbereitet haben, können Sie mit der Übung beginnen.

1. Betrachten Sie Ihre Hände. Gegebenenfalls können Sie auch die Gliedmaßen eines anderen Menschen, vielleicht die Ihres Partners, für diese Übung betrachten.

2. Beginnen Sie damit, sich ganz den Händen mit Ihrer gesamten Wahrnehmung zu widmen. Begreifen, betasten und erspüren Sie sie:

- Wie sehen die Hände aus? Sind sie gut durchblutet oder eher blass? Haben Sie Flecken?

- Sind es feine oder grobe Hände, sind sie eher feucht oder sehr trocken?

- Haben sie Kraft oder sind sie zart?

- Sind die Hände weich oder muskulös?

- Sind es die Gliedmaßen eines sensiblen Künstlers oder eines praktisch veranlagten Arbeiters?

- Welche Temperatur haben die Hände?

- Was wollen die Hände Ihnen verraten?

3. Achten Sie auf jedes Detail, dass Ihnen nicht nur an den Händen ins Auge fällt, sondern auch in Ihren Gedanken. Kein Blick, kein Gedanke und kein inneres Bild sind zufällig.

4. Vertrauen Sie auf die Empfindungen, die Sie wahrnehmen. Lassen Sie zu, dass Ihre Intuition zu Ihnen durchdringen kann, und honorieren Sie jede Empfindung.

Bei dieser intuitiven Technik geht es in erster Linie nicht darum, die Hände chirologisch zu betrachten, also genauste Beobachtungen zur Beschaffenheit zu machen und diesen Charaktereigenschaften zuzuordnen, sondern vielmehr um die spontanen, intuitiven Gedanken, die Ihnen in den Kopf kommen. Sie brauchen lediglich Vertrauen in sich selbst und müssen Ihrem sechsten Sinn Gehör schenken.

Symboldeutungen

Innerhalb des intuitiven Handlesens kann es sein, dass Sie Formen oder Zeichen auf den Händen entdecken, die Ihnen bekannten Gegenständen, Tieren oder Ähnlichem ähneln. Diese Symbole sind nur weitere Hinweise Ihres sechsten Sinns, die Ihnen Botschaften hinterlassen. Für jeden Menschen werden die Zeichen auf der Hand anders aussehen und sie werden anders interpretiert. Was für einen Menschen wie ein Vogel aussehen mag, kann für einen anderen ein Flugzeug sein. Wo die eine Persönlichkeit eine Pyramide sieht, sieht die andere einen Berg. Egal, welches Symbol sich Ihnen offenbaren mag, wichtig ist, dass Sie die Inspiration frei fließen lassen. Hier ist kein Platz für den Verstand, der mit Logik und Rationalität die Dinge versucht, zu erklären. Nur die Intuition kann wissen, welche Informationen für die Interpretation der Hände in diesem Moment wirklich von Belang ist. Wenn Sie zwar ein Symbol erkennen können, dessen Bedeutung sich Ihnen aber nicht erschließt, so schließen Sie kurz die Augen und versuchen Sie, sich ganz auf sich selbst zu besinnen. Lassen Sie innerlich Ruhe einkehren, indem Sie jegliche Erwartungen an sich und die Situation beiseiteschieben. Sie können zudem Ihr Bauchgefühl um Hilfe bitten. Die erste Antwort, die ihnen einfällt, ist die Stimme Ihrer inneren Weisheit. Nun folgen ein paar Symbole, die häufiger auf Händen auftreten. Sie dienen als Beispiel und ihre Interpretationen sind nur einige Möglichkeiten.

Symbol	**Bedeutung**
A	Anfang, Neubeginn, Veränderung
Auge	Spiegel der Seele, göttliche Allwissenheit
Baum mit Wurzeln	Verbundenheit mit der Erde, Verwurzelung
Berg	Gipfel des Lebens, geistiger Aufstieg
Brücke	Verbindung, Begegnung, Unterstützung
Dach	Schutz, Führung
Herz	Liebe, Herzlichkeit, göttliche Liebe
Kreis	Verbindung, Vollkommenheit
Sonne	Licht, Frohsinn
Tor / Tür	Eine Tür öffnet sich, verschlossene Tür
Vogel	Freiheit, Leichtigkeit
Wellen / Wasser	Reinigung, Sauberkeit, Klarheit

Achten Sie auf die Lage der Symbole. Wenn beispielsweise ein A in der Nähe der Herzlinie liegt, könnte das auf eine neue Liebesbeziehung deuten. Ein Tor auf der Schicksalslinie hingegen könnte eine Tür bedeuten, die sich in beruflicher Hinsicht geöffnet hat.

DAS PENDELN

Das Pendeln ist eine spirituelle Praxis, mit dem Entscheidungen leichter getroffen werden können. Dabei wird der Gegenstand mit einer Hand gehalten, während eine Frage formuliert wird, die mit Ja oder Nein beantwortet werden kann. Wichtig ist, dass die Hand komplett stillgehalten wird, da das Pendeln des gehaltenen Gegenstandes nicht bewusst, sondern unbewusst ausgelöst wird. So können wir Antworten erhalten, die wir so vielleicht nicht wissen könnten, die aber aufgrund des in unserem Unterbewusstsein gespeicherten Wissens möglich sind.

Wie funktioniert das Pendeln?

Klingt das für Sie nach zu viel Esoterik und zu wenig Zuverlässigkeit? Glauben Sie, dass Sie sich die Pendelbewegungen nur ausdenken, damit Sie die gewünschte Antwort erhalten? Dann wird es Sie überraschen, wie effektiv und zuverlässig das Pendeln tatsächlich ist, wie Erfahrungen zeigen.

Das Pendeln ist wie ein Gespräch, das man mit sich selbst führt – genauer gesagt mit seinem Unterbewusstsein. Da wir auf dieses nicht direkt einen Zugriff haben, müssen wir andere Wege finden, um mit ihm kommunizieren zu können. Das Pendeln ist nur eine von vielen hilfreichen Techniken. Das Pendel an sich ist also kein intelligenter Gegenstand, der Weisheit besitzt, sondern lediglich ein Medium zur Verdeutlichung des eigenen inneren Wissens. Das Pendel spiegelt also nur die Antwort unseres Unterbewusstseins. Doch wie genau funktioniert das? Da unser gesamter Körper benetzt ist aus unzähligen Muskeln und Nerven, finden stets die kleinsten Bewegungen statt, die teilweise so minimal sind, dass wir diese gar nicht wahrnehmen. Jeder Gedanke und jede Emotion, die wir empfinden – also alles, was in unserer Psyche passiert –, besitzt eine materielle Entsprechung auf körperlicher Ebene. Das bedeutet, dass, wenn Sie zum Beispiel Angst empfinden, gewisse Muskel-gruppen und Nerven angesprochen werden, die auf dieses Gefühl reagieren. Alles, was Sie denken, manifestiert sich automatisch im Körper. Auf diesem Prinzip basieren übrigens auch Lügendetektoren, die man aus dem Bereich der Kriminalpolizei kennt.

Wenn Sie nun eine konkrete Frage zu einem Thema haben, spricht diese unweigerlich Ihre inneren Erwartungen, Wünsche, Gefühle oder anderes an. Gleichzeitig reagiert Ihr Körper darauf mit einer Masse an den kleinsten Muskel- sowie Nervenreaktionen. Diese werden an die Hand weitergeleitet, welche eines der Körperteile ist, der die meisten Nerven und Muskeln besitzt.

Es sind also nicht unsere Gedanken, die das Pendel steuern, sondern es ist der Körper, angetrieben vom Unterbewusstsein. Dementsprechend ist es nicht möglich, sich mit der Bewegung des Pendels selbst zu belügen, zu betrügen oder etwas vor sich selbst geheim zu halten.

Welche Fragen können gestellt werden?

Fragen zur eigenen Beziehung, zum Beruf, Geld, zur Familie oder Gesundheit sind zum Beispiel möglich, wichtig ist nur, dass sie so ausgedrückt werden, dass sie mit Ja oder Nein beantwortet werden können, um eine genaue und eindeutige Antwort zu erhalten.

- Werde ich heute meine große Liebe kennenlernen?
- Bin ich meinem Seelenpartner schon begegnet?
- Akzeptieren meine Eltern meinen neuen Freund / meine neue Freundin?
- Werde ich meine Ängste überwinden können?
- Bin ich bereit dazu, mich dieser Herausforderung zu stellen?
- Bin ich gesund?
- Ist es eine gute Idee, den Job zu wechseln?

Auf diese und noch etliche weitere Fragen können Sie eine Antwort durch das Pendeln erhalten. Wichtig dabei ist nur, dass die Ergebnisse zwar innerste Wünsche offenbaren können, aber keine Wahrsagerei oder Hellseherei betreiben. Fragen über den Tod gelten übrigens in esoterischen Kreisen als Tabu.

Das Pendeln und die Kunst des Handlesens – eine Fusion

Das Handlesen und das Pendeln sind zwei spirituelle Techniken, die hervorragend miteinander vereinbar und kombinierbar sind. Man kann sie sehr gut gemeinsam anwenden, indem man Fragen zu Themenbereichen auspendelt, die auf den Händen als sogenannte Lebensthemen sichtbar sind.

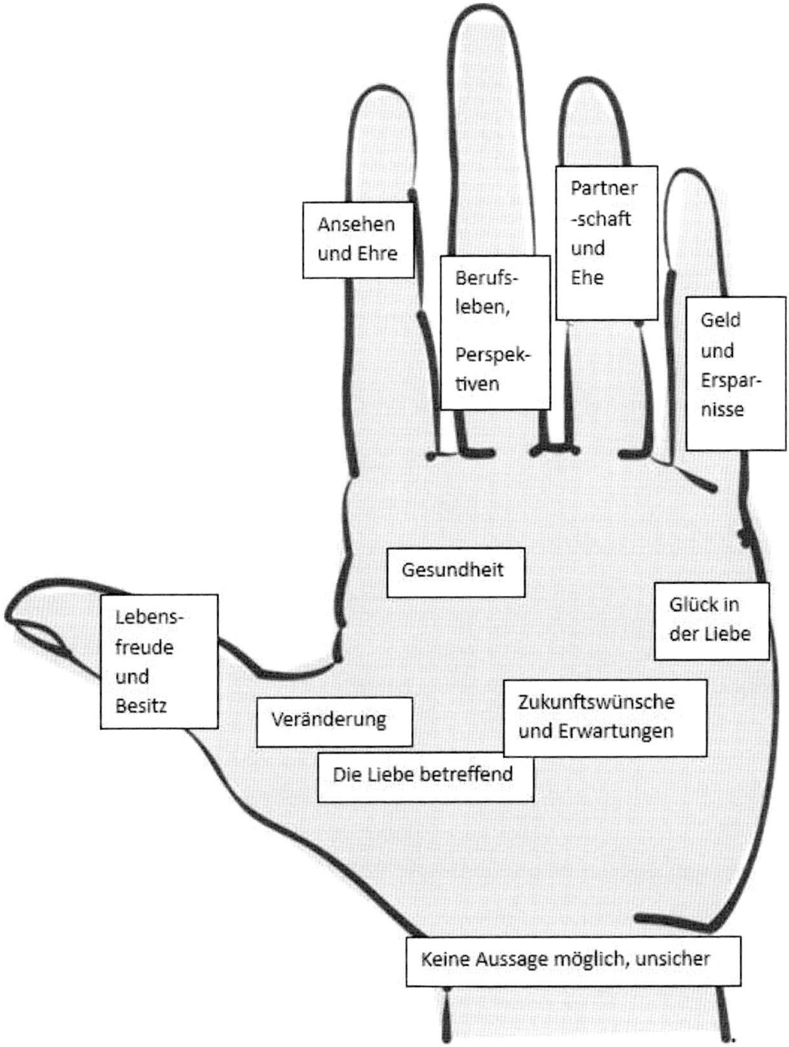
Ansehen und Ehre
Berufs-leben,
Perspek-tiven
Partner-schaft und Ehe
Geld und Erspar-nisse
Gesundheit
Glück in der Liebe
Lebens-freude und Besitz
Veränderung
Zukunftswünsche und Erwartungen
Die Liebe betreffend
Keine Aussage möglich, unsicher

Wann immer Sie also eine Frage zu einem bestimmten Thema haben, zeigen Sie mit dem Zeigefinger der linken Hand auf den jeweiligen Bereich der Hand mit dem Thema, das Sie gerade interessiert. Dann nehmen Sie mit dem rechten Arm die später noch beschriebene Pendelhaltung ein und formulieren anschließend Ihre eindeutige, präzise, genaue, aber dabei möglichst kurze Frage, die mit Ja oder Nein beantwortet werden kann. Dabei zeigt die Praxis, dass sich das Ausdrucken der Abbildung der Hand mit den Lebensthemen auf ein großes Blatt Papier empfiehlt, das Sie bei der Befragung vor sich auf den Tisch legen. Wenn Sie schon erfahrener sind und die Themenbereiche auswendig kennen, können Sie auch pendeln, während Sie gleichzeitig aus der Hand lesen. Wenn Ihnen zum Beispiel die Frage „Führe ich den richtigen Beruf aus?" auf dem Herzen liegt, lokalisieren Sie zum Pendeln den Bereich am untersten Fingerglied des Mittelfingers. Wenn Sie sich jedoch die Frage „Ist mein Kind mit seiner neuen Liebesbeziehung glücklich?" stellen, ist der Bereich über dem Handgelenk an der äußeren Kante auf der Handfläche für Sie interessant.

Hilfreiche Tipps für Anfänger

1. Besorgen Sie sich ein geeignetes Pendel. Dies kann aus Metall wie Gold, Silber, Messing, Kupfer oder Ähnliches sein, aber auch Glas, Holz und Kristall eignen sich. Bei der Auswahl sollten Sie sich wieder einmal ganz auf Ihr Gefühl verlassen. Sie werden sich intuitiv zu einem Objekt hingezogen fühlen, weil dieses Sie optisch anspricht. Der Faden oder die Kette, an dem das Pendel befestigt ist, sollte eine Länge zwischen 20 und 50 Zentimetern aufweisen, damit es gut schwingen kann.

2. Wann immer Sie eine Frage auspendeln möchten, suchen Sie sich dafür einen ungestörten Ort, der Sie nicht ablenkt oder Ihre Konzentration vermindert.

3. Gependelt wird stets mit der rechten Hand, selbst dann, wenn Sie Linkshänder sind. Legen Sie gegebenenfalls Schmuck wie Ringe oder Uhren ab, um Störungen zu minimieren.

4. Halten Sie das Pendel so zwischen dem Zeigefinger und dem Daumen, dass noch circa 20 Zentimeter der Kette bis zum Pendel verbleiben.

5. Setzen Sie den Ellenbogen des Arms sicher auf dem Tisch ab, der das Pendel hält. So erhalten Sie Stabilität und Kontrolle über das schwingende Objekt.

6. Halten Sie das Pendel etwa ein bis zwei Zentimeter über dem Gegenstand, den Sie auspendeln möchten. In diesem Fall ist es die Hand.

7. Um aus der Bewegung des Pendels eine Antwort auf Ihre Frage zu interpretieren, müssen Sie zunächst festlegen, welche Pendelbewegung ein „Ja“ bedeutet und welche für „Nein“ stehen soll.

Wie Sie herausfinden können, welche Bewegung ein „Ja“ und welche ein „Nein“ bedeutet:

Noch bevor Sie eine Frage auspendeln können, müssen Sie klären, welche Bedeutung die Bewegungen des Gegenstandes überhaupt haben, sonst können Sie die Antworten nicht interpretieren. Grundsätzlich kann ein Pendel drei unterschiedliche Schwingungen ausführen. Entweder es bewegt sich in Kreisform, in Form einer Ellipse oder es schwingt gerade von einer Seite zur anderen. Nehmen Sie das Pendel wie in diesem Kapitel beschrieben in die rechte Hand und stellen Sie die Frage:

„Welche Bewegung bedeutet ein „Ja“?“

Warten Sie geduldig auf eine Antwort des Pendels. Welche Bewegung auch immer Sie wahrnehmen können, die sich einstellt und dann konstant bleibt, ist die Schwingung des „Jas“. Auf die gleiche Weise verfahren Sie nun mit dem „Nein.“

„Welche Bewegung bedeutet ein „Nein“?“

Eine Vor- und Zurückbewegung könnte zum Beispiel ein „Ja“ sein, während eine Seitwärtsbewegung ein „Nein“ wiedergibt. Doch dies ist von Mensch zu Mensch unterschiedlich, denn jeder hat seine eigenen, individuellen Antwortschwingungen.

8. Die Entspannung des Körpers, besonders des rechten Armes und der rechten Hand, sind besonders wichtig. Tun Sie nichts und bewegen Sie sich nicht, sondern lassen Sie einfach zu, was geschieht. Warten Sie dafür ruhig und geduldig ab.

9. Auch wenn es möglicherweise aufregend ist, wenn Sie sehen, wie sich das Pendel bewegt, ohne dass Sie sich bewusst bewegen, versuchen Sie, ruhig und – ganz wichtig – neutral zu bleiben, um das Ergebnis nicht zu beeinflussen. Ihre persönlichen Gefühle und Gedanken sollten die Bewegung des Pendels bestenfalls nicht beeinflussen.

10. Wenn Sie sich bezüglich der erhaltenen Antwort des Pendels nicht sicher sind, können Sie eine weitere Frage zur Kontrolle stellen: „Ist diese Antwort richtig?“

11. Reinigen Sie das Pendel gelegentlich von fremden Energien, indem Sie es mit kaltem, fließendem Wasser abspülen.

THEMENZENTRIERTES DEUTEN

Statt die gesamte Hand zu analysieren und alle Bereiche zu deuten, können Sie sich auch auf ein konkretes Thema beschränken. Da gewisse Fragestellungen auf verschiedenen Stellen der Hand behandelt werden, können wir dort nach unseren sehnlichst gewünschten Antworten suchen. Wann immer Sie also wissen möchten, wie sich Ihr Charakter zu einer bestimmten Thematik verhält, können Sie die Technik des themenzentrierten Deutens anwenden.

Liebe und Partnerschaft

Bei dem Thema der Liebe und der Liebesbeziehung zwischen zwei Menschen sollten Sie sich Ihre Herzlinie, Ihren Ringfinger und die Bereiche der Venuszone sowie der Plutozone näher anschauen.

Die Herzlinie

Die Herzlinie befasst sich mit der Gefühlsebene, wobei der Schwerpunkt besonders auf dem Kontakt zu anderen Menschen, der Liebe und Partnerschaft liegt.

- Wie leidenschaftlich sind Sie in der Liebe?
- Wie sehr lassen Sie sich von Ihren Gefühlen lenken, wenn es um Ihre Beziehung geht?
- Besitzen Sie eine Neigung zur Untreue zu Ihrem Partner?
- Werden Sie schnell eifersüchtig in der Partnerschaft?
- Können Sie beim Umgang mit einem geliebten Menschen Ihr Herz vollständig öffnen?

Die Venuszone

Neben den Themen der Gesundheit, Vitalität und Lebenskraft beschäftigt sich die Venuszone auch mit der Liebe, Sinnlichkeit und der Verbindung zwischen zwei Menschen.

- Wie sinnlich sind Sie und wie gut können Sie das auch vor Ihrem Partner zeigen?
- Wie anziehend wirken Sie auf das andere Geschlecht?
- Besitzen Sie eine Art erotischen Magnetismus?
- Wie sehr sehnen Sie sich nach zwischenmenschlicher Verbindung und Liebe?
- Wollen Sie Ihrem Partner unbedingt gefallen oder können Sie sich so zeigen, wie Sie wirklich sind?

Die Plutozone

Leidenschaft und Gefühle sind die zentralen Themenbereiche der Zone des Plutos.

- Wie leidenschaftlich sind Ihre Liebesbeziehungen?
- Gelingt es Ihnen, immer Ihre Emotionen auch vor Ihrem Partner zu zeigen?
- Können Sie in Ihrer Beziehung über Ihre Gefühle sprechen?
- Wie gut können Sie Hilfe von einem geliebten Menschen annehmen?

Der Ringfinger

Der Ringfinger erlaubt nicht nur Rückschlüsse auf die Kreativität und die künstlerischen Fähigkeiten einer Persönlichkeit, sondern auch auf ihren Sinn für Ästhetik sowie ihr Harmoniebedürfnis in der Partnerschaft und Ehe.

- Wie wichtig ist Ihnen die Harmonie in Ihrer Liebesbeziehung?
- Welchen Wert legen Sie auf das äußere Erscheinungsbild von Ihnen und Ihrem Partner?

Gesundheit

Fragen rund um die Gesundheit werden hauptsächlich durch die Lebenslinie beantwortet, doch auch die Venuszone hilft hier weiter.

Die Lebenslinie

Die Lebenslinie repräsentiert die Gesundheit und die Lebensenergie des Menschen. Die körperliche und geistige Konstitution wird ebenso angesprochen wie die Vitalität, Lebenskraft und die Freude am Leben.

- Welche Veranlagungen besitzen Sie?
- Neigen Sie zu bestimmten Krankheiten?
- Wie anfällig sind Ihr Körper und Ihr Geist?
- Wie viel Power haben Sie in Ihrem alltäglichen Leben?
- Wie schnell erholen Sie sich in der Regel von einer Krankheit?
- Wie steht es um Ihr allgemeines Wohlbefinden?
- Sind Sie ein vitaler Mensch?
- Empfinden Sie Freude am Leben?

Die Venuszone

Neben den Themen der Liebe, Sinnlichkeit und der Verbindung zwischen zwei Menschen beschäftigt sich die Venuszone auch mit der Gesundheit, Vitalität und Lebenskraft.

- Wie steht es um Ihren derzeitigen physischen und psychischen Zustand?
- Wie robust ist Ihr Körper?
- Wie viel Lebensenergie besitzen Sie?

Kreativität

Für Fragen rund um Ihre Kreativität und schöpferischen Fähigkeiten sollten Sie Ihre Kopflinie, die Apollozone, die Mondzone und den Ringfinger näher betrachten.

Die Kopflinie

Wie der Name bereits andeutet, gibt die Kopflinie Informationen zu sämtlichen Denkprozessen des Menschen. Der Grad seiner Intelligenz, seines Intellektes, seiner Fantasie und seiner Kreativität kann hier abgelesen werden, ebenso wie alle weiteren geistigen Fähigkeiten.

- Sind Sie ein rationaler Denker oder werden Sie gelegentlich von Ihren Gefühlen überwältigt?
- Arbeitet Ihr Verstand analytisch und strukturiert?
- Sind Sie ein Kopfmensch oder lassen Sie sich von Ihrem Bauchgefühl leiten?
- Können Sie sich auch in anspruchsvollen Momenten und unter schwierigen Umständen noch sehr gut konzentrieren?
- Wie gut können Sie Entscheidungen treffen?
- Wie groß ist Ihre Lernfähigkeit?

Die Apollozone

Die Apollozone ist der Bereich der Hand, der Rückschlüsse über die Kreativität, Emotionalität und den Sinn für Ästhetik des jeweiligen Menschen gibt.

- Wie viele künstlerische Talente besitzen Sie?
- Durch welche Tätigkeiten können Sie Ihre Kreativität ausleben?
- Wie ausgeprägt ist Ihr Sinn für Schönheit?
- Durch welche Herangehensweise erreichen Sie mit Ihrer Kreativität Erfolg?

Die Mondzone

Ob Fantasie, Intuition oder Temperament – die Mondzone liefert Einsichten über die Ausprägung dieser Aspekte eines Charakters.

- Wie stark ist Ihr Verlangen nach einer kreativen Beschäftigung?
- Besitzen Sie eine ausgeprägte Intuition?
- Hören Sie stets auf Ihr Bauchgefühl?
- Wie idealistisch sind Sie im Hinblick auf Ihre Kreativität?
- Sind Sie ein Träumer?
- Welche Rolle nimmt die Fantasie in Ihrem Leben ein?

Der Ringfinger

Der Ringfinger erlaubt nicht nur Rückschlüsse auf die Kreativität und die künstlerischen Fähigkeiten einer Persönlichkeit, sondern auch auf ihren Sinn für Ästhetik, Kunst und Anmut.

- Wie viel Wert legen Sie auf die Gestaltung Ihres Lebensraumes und Ihres Zuhauses?
- Wie ausgeprägt ist Ihr Sinn für Anmut?
- Legen Sie einen großen Wert auf ein ästhetisches Erscheinungsbild?
- Besitzen Sie ein Gefühl für schöne Farben und Farbkombinationen?

Ansehen in der Öffentlichkeit

Wenn Sie sich fragen, wie Sie nach außen hin wirken und wie es um Ihr Ansehen in der Öffentlichkeit steht, sollten Sie sich Ihrer Jupiterzone, aber vor allem Ihrem Zeigefinger widmen.

Die Jupiterzone

Der Bereich des Jupiters thematisiert in erster Linie den Geltungstrieb und die Führungsqualität eines Menschen.

- Wie stark ist Ihr Drang nach Geltung?
- Welche Rolle spielen Beifall, Respekt und Achtung in Ihrem Leben?
- Brauchen Sie das Lob und den Ruhm von Ihren Mitmenschen, um sich gut zu fühlen?
- Wie sehr streben Sie nach sozialer Anerkennung?

Der Zeigefinger

Der Zeigefinger repräsentiert alle Charaktereigenschaften, die sich um die Themen der Macht und Autorität drehen. Auch im Hinblick auf das Ansehen in der Öffentlichkeit spiegelt dieser Finger wider, wie es um die Persönlichkeit bestellt ist.

- Wie selbstbewusst sind Sie?
- Treten Sie eher introvertiert oder extrovertiert auf?
- Welche Rolle spielt Macht in Ihrem Leben?
- Sehen Sie sich als eine Autoritätsperson?
- Mit welchem Ehrgeiz verfolgen Sie eine Führungsposition?
- Verbinden Sie Ansehen in der Öffentlichkeit mit Macht und Autorität?

Beruf

Die Schicksalslinie und die Kopflinie erlauben Rückschlüsse auf Ihren beruflichen Werdegang. Aber auch die Zonen des Jupiters, Saturns und des Mars sowie der Zeige- und der Mittelfinger liefern Informationen zu Ihrer Karrierelaufbahn.

Die Schicksalslinie

Bei der Schicksalslinie geht es ganz um den Menschen in seiner Rolle als kreativer Schöpfer, das heißt, dass der berufliche Werdegang im Vordergrund steht. Sie gibt Aufschluss über die Charaktereigenschaften, die in Bezug auf die Karriere relevant sind. Disziplin, Durchhaltevermögen, Zielstrebigkeit und Verantwortungsbewusstsein sind nur einige Beispiele.

- Wie ist es um Ihren beruflichen Werdegang bestimmt?
- Wie erfolgreich sind Sie im Job?
- Lassen Sie die Dinge bevorzugt auf sich zukommen oder planen Sie sie lieber im Voraus?
- Ziehen Sie die von Ihnen angefangenen Projekte durch oder neigen Sie dazu, sie vorschnell abzubrechen?
- Sind Sie standhaft oder ändern Sie schnell Ihre Meinung?
- Wie verantwortungsbewusst sind Sie tatsächlich, wenn es um die Erledigung Ihrer Aufgaben geht?
- Erfüllt Sie Ihre alltägliche Routine oder brauchen Sie stets Veränderung und Aufregung?
- Zeigen Sie Disziplin im Beruf? Wie beharrlich sind Sie, wenn Sie Ihre Ziele verfolgen?

Die Kopflinie

Wie der Name bereits andeutet, gibt die Kopflinie Informationen zu sämtlichen Denkprozessen des Menschen. Der Grad seiner Intelligenz, seines Intellektes, seiner Fantasie und seiner Kreativität kann hier abgelesen werden, ebenso wie alle weiteren geistigen Fähigkeiten.

- Sind Sie ein rationaler Denker oder werden Sie gelegentlich von Ihren Gefühlen überwältigt?
- Arbeitet Ihr Verstand analytisch und strukturiert?
- Sind Sie ein Kopfmensch oder lassen Sie sich von Ihrem Bauchgefühl leiten?
- Können Sie sich auch in anspruchsvollen Momenten und unter schwierigen Umständen noch sehr gut konzentrieren?
- Wie gut können Sie Entscheidungen treffen?
- Wie groß ist Ihre Lernfähigkeit?

Die Jupiterzone

Der Bereich des Jupiters thematisiert in erster Linie den Geltungstrieb und die Führungsqualität eines Menschen.

- Wie stark ist Ihr Drang nach Geltung im Beruf?
- Welche Rolle spielen Beifall, Respekt und Achtung von Ihrem Chef oder Ihren Kollegen?
- Brauchen Sie das Lob und den Ruhm von Ihren Mitmenschen, um sich gut zu fühlen?
- Wie sehr streben Sie nach sozialer Anerkennung am Arbeitsplatz?
- Besitzen Sie die Fähigkeit, zu führen, oder sind Sie talentierter darin, Aufgaben auszuführen?
- Wie stark ist Ihr Wunsch nach Autorität und Dominanz über Ihre Kollegen?

Die Saturnzone

Besonders Fragen bezüglich des Verantwortungsbewusstseins finden durch die Zone des Saturns eine Antwort. Sie gibt zudem Aufschluss darüber, wie erfolgreich eine Persönlichkeit ist.

- Sind Sie ein vertrauenswürdiger Mensch, der seine beruflichen Aufgaben ernst nimmt?
- Erledigen Sie stets gewissenhaft und umsichtig Ihre aufgetragenen Aufgaben?
- Nehmen Sie Ihren Job ernst oder tendieren Sie dazu, leichtfertig mit Ihren Arbeiten umzugehen?

- Neigen Sie dazu, Unwillen bei bestimmten Aufgaben oder Menschen im Job zu entwickeln?
- In welchen Bereichen mangelt es Ihnen noch an Verantwortungsbewusstsein?
- Wie erfolgreich sind Sie im Beruf?

Die Marszone

Die Zone des Mars spiegelt die Willensstärke, den Mut und den Kampfgeist des Charakters wider. Zudem zeigt dieser Bereich, wie der Mensch mit Konfrontationen umgehen kann.

- Wie stark ist Ihr Willen, wenn Sie ein berufliches Projekt erledigen?
- Wagen Sie auch einmal etwas Neues im Job oder fehlt Ihnen hierfür manchmal einfach noch etwas Mut?
- Neigen Sie dazu, Konflikten mit Kollegen oder dem Chef aus dem Weg zu gehen, oder stellen Sie sich immerzu den Problemen?
- Sehen Sie Ihre Berufskollegen als Konkurrenz an oder können Sie auch mit diesen zusammenarbeiten?
- Sind Sie harmoniebedürftig oder verteidigen Sie stets Ihre Meinung und Arbeit?
- Wie reagieren Sie auf Konfrontationen?
- Weichen Sie Diskussionen aus oder argumentieren Sie selbst gern?

Der Zeigefinger

Der Zeigefinger repräsentiert alle Charaktereigenschaften, die sich um die Themen der Macht und Autorität drehen. Auch im Hinblick auf das Ansehen in der Öffentlichkeit spiegelt dieser Finger wider, wie es um die Persönlichkeit bestellt ist.

- Wie selbstbewusst sind Sie im Beruf?
- Treten Sie vor Ihren Kollegen, Kunden und Ihrem Chef eher introvertiert oder extrovertiert auf?
- Welche Rolle spielt Macht in Ihrem Beruf?
- Sehen Sie sich als eine Autoritätsperson?
- Mit welchem Ehrgeiz verfolgen Sie eine Führungsposition?
- Verbinden Sie beruflichen Erfolg mit Macht und Autorität?

Der Mittelfinger

Alle Talente und Eigenschaften, die den Menschen in seiner Laufbahn weiterbringen, werden im Mittelfinger gespiegelt. Das Berufsleben und die Tüchtigkeit, mit der Ziele verfolgt werden, sind Themen, die durch diesen Finger bearbeitet werden.

- Welche Eigenschaften, wie Geduld, Pflichtgefühl oder Ausdauer, sollten Sie stärken, um im Job erfolgreicher zu werden?
- Welche Eigenschaften fördern hingegen bereits das Erreichen Ihrer beruflichen Ziele?
- Welche Talente bringen Sie wirklich weiter?
- Mit welcher Hingabe und Tüchtigkeit erledigen Sie tatsächlich Ihre Arbeiten?

Zwischenmenschliche Beziehungen

Die Thematik der sozialen Angelegenheiten und der zwischenmenschlichen Beziehungen wird auf der Herzlinie sowie auf den Zonen der Venus, des Apollos, des Merkurs, des Mars und des Plutos behandelt.

Die Herzlinie

Die Herzlinie befasst sich mit der Gefühlsebene, wobei der Schwerpunkt besonders auf dem Kontakt zu anderen Menschen, der Liebe und Partnerschaft liegt.

- Wie leidenschaftlich sind Sie?
- Wie sehr lassen Sie sich von Ihren Gefühlen lenken?
- Besitzen Sie eine Neigung zur Untreue?
- Können Sie beim Umgang mit anderen Menschen Ihr Herz öffnen?
- Werden Sie schnell eifersüchtig?

Die Venuszone

Neben den Themen der Gesundheit, Vitalität und Lebenskraft beschäftigt sich die Venuszone auch mit der Liebe, Sinnlichkeit und der Verbindung zwischen Menschen.

- Wie wichtig sind Ihnen soziale Kontakte?
- Wie wirken Sie auf andere Menschen?
- Was ist Ihnen in einer zwischenmenschlichen Beziehung wichtig?
- Wie sehr lassen Sie sich von anderen antreiben?

Die Apollozone

Die Apollozone ist der Bereich der Hand, der Rückschlüsse auf die Kreativität, Emotionalität und den Sinn für Ästhetik des jeweiligen Menschen ziehen lässt.

- Wie emotional sind Sie innerhalb einer zwischenmenschlichen Beziehung?
- Welche Rolle spielen Gefühle für Sie in sozialer Hinsicht?
- Haben Sie den Wunsch, sich Ihrem Umfeld auf emotionaler Ebene zu öffnen?

Die Merkurzone

Wie aufgeschlossen und kommunikativ ein Mensch ist, zeigt die Ausprägung der Zone des Merkurs.

- Welche Rolle spielt die Kommunikation in Ihren zwischenmenschl. Beziehungen?
- Wie aufgeschlossen sind Sie im Hinblick auf andere Menschen, deren Meinungen und deren Lebensweisen?
- Können Sie sich Ihrer sozialen Umgebung öffnen oder fehlt es Ihnen zeitweise an Toleranz?
- Wie gut können Sie Ihre eigenen Wünsche und Bedürfnisse kommunizieren?

Die Marszone

Die Zone des Mars spiegelt die Willensstärke, den Mut und den Kampfgeist des Charakters wider. Zudem zeigt dieser Bereich, wie der Mensch mit Konfrontationen umgehen kann.

- Wagen Sie es, bestimmte Themen oder Gefühle in einer zwischenmenschlichen Beziehung anzusprechen, oder fehlt Ihnen hierfür manchmal einfach noch etwas Mut?
- Neigen Sie dazu, Konflikten mit anderen Menschen aus dem Weg zu gehen, oder stellen Sie sich immerzu den Problemen?
- Sehen Sie Ihre Mitmenschen als Konkurrenz an oder können Sie auch mit diesen zusammenarbeiten?
- Sind Sie harmoniebedürftig oder verteidigen Sie stets Ihre Meinung und Ansicht?
- Wie reagieren Sie auf Konfrontationen?
- Weichen Sie Diskussionen aus oder argumentieren Sie selbst gern?

Die Plutozone

Leidenschaft und Gefühle sind die zentralen Themenbereiche der Zone des Plutos.

- Gelingt es Ihnen, immer Ihre Emotionen auch vor einem Freund zu zeigen?
- Können Sie mit anderen Menschen über Ihre Gefühle sprechen?

BONUS: Das umfassende Persönlichkeitsprofil

Meine Lebensaufgaben erkennen

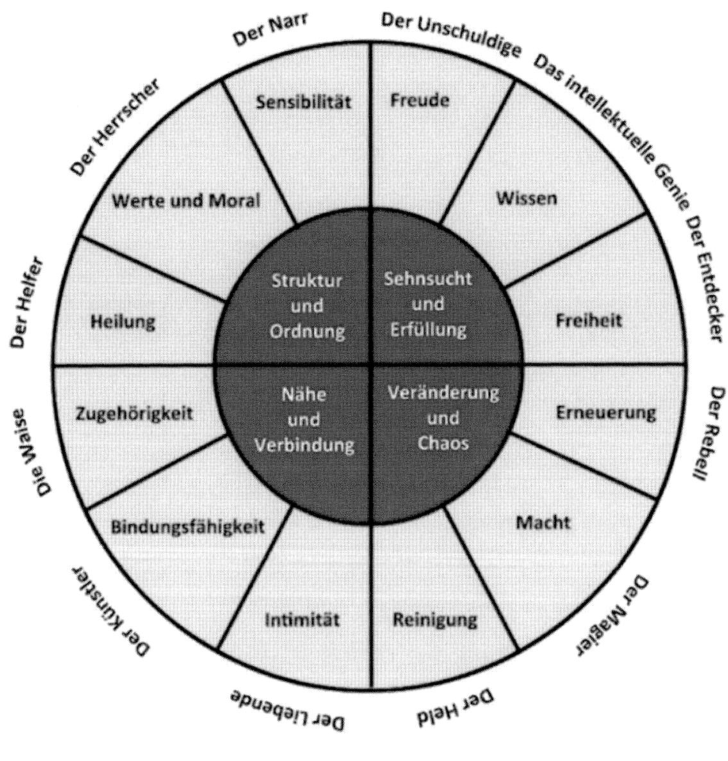

Carl Gustav Jung, der bereits im ersten Kapitel dieses Buches durch seine Verbindung zur Handlesekunst erwähnt wurde, entwickelte ein Konzept der Persönlichkeitstypen, denen er den heute weit verbreiteten Begriff „Archetypen“ gab. Er war der Ansicht, dass es 12 klassische Charaktere gibt, die bestimmte Eigenschaften, Fähigkeiten und Tätigkeiten repräsentieren. Jeder der 12 Archetypen repräsentiert demnach eine symbolische Urform einer Persönlichkeit. Die von Carl Gustav Jung geprägten Archetypen sind folgende:

- Der Unschuldige
- Der Weise
- Der Entdecker
- Der Rebell
- Der Zauberer
- Der Held
- Der Liebende
- Der Narr
- Der Jedermann
- Der Betreuer
- Der Herrscher
- Der Schöpfer

Diese 12 symbolischen Charaktere werden in 4 Obergruppen eingeteilt, die die zentralen Aspekte der Gruppe wiedergeben, die im Einzelnen lauten:

- Die Erfüllung
- Die Veränderung
- Die Verbindung
- Die Ordnung

Innerhalb dieser Gruppen verfeinern sich die Eigenschaften und Charaktermerkmale der Archetypen weiter, die wir uns im Anschluss näher anschauen wollen. Damit Sie Ihrer Persönlichkeit einen der Jung'schen Archetypen zuordnen können, bedienen wir uns der Kunst des Handlesens. Die Eigenschaften, die wir an unseren Händen, Fingern und Handlinien erkennen können, deuten auf bestimmte Persönlichkeitstypen hin, die mit den 12 Archetypen vereinbar sind. Welche Merkmale genau diesen zugeordnet werden können und welche Lebensaufgaben sich daraus ablesen lassen, kann durch die Kunst des Handlesens bestimmt werden. Die Chirologie, Chiromantie und Chirosophie schlagen eine Brücke zwischen der eigenen, individuellen Hand und den Archetypen.

> ⓘ
>
> Die Archetypen nach Jung stellen lediglich Symbolbilder von 12 typischen Charakteren dar. Deshalb können sich nur die wenigsten Personen mit einem der vorgestellten Urformen identifizieren. Alle Menschen vereinen in sich unterschiedliche Eigenschaften und Merkmale, die mehreren Gruppen zugeordnet werden können. Dennoch kristallisiert sich im Laufe des Lebens mit der Festigung des eigenen Weltbildes und der Entwicklung der Persönlichkeit ein gewisses Grundmuster heraus, das nach konkreten Dingen, wie die der Archetypen, strebt. Das bedeutet, dass Sie einem oder mehreren Archetypen zugeordnet werden können, auch wenn Sie nicht in jeder Situation gemäß dieser leben, nach diesen handeln oder auch Merkmale anderer Persönlichkeitstypen besitzen.

DAS STREBEN NACH ERFÜLLUNG

Der Unschuldige, der Weise und der Entdecker streben nach der Erfüllung. Sie sehnen sich nach dem Garten Eden – dem paradiesischen Leben auf allen Ebenen.

Der Unschuldige – Der Wunsch nach Sicherheit und Moral

Der Unschuldige ist ein Archetyp, der die Welt immer mit optimistischem Blick betrachtet und stets positiv bleibt. Er glaubt fest an das Gute und eine ausgleichende Gerechtigkeit, die früher oder später Fairness für alle Menschen wiederherstellt. Er ist aufrichtig und kann jedoch aufgrund seiner Gutmütigkeit zur Naivität neigen. Der starke Wunsch nach Harmonie bewegt den Unschuldigen dazu, aktiv nach seinem Glück Ausschau zu halten, wobei er verlässlich ist und immer moralisch handelt. Er ist fest davon überzeugt, dass es ein sogenanntes „Happy End" geben muss, das seiner Meinung nach unweigerlich eintreten wird. Mit Ehrlichkeit und Demut möchte er, dass er selbst und seine Mitmenschen sich wohlfühlen. Außerdem ist es diesem Persönlichkeitstyp wichtig, sich dazugehörig zu fühlen und von seinem sozialen Umfeld angenommen zu werden.

Handcharakteristika

Nun schauen wir uns einmal genauer an, wie sich dieser Archetyp in der Hand widerspiegelt. An den folgenden Merkmalen können Sie erkennen, welche Ausprägungen der Handform, der Zonen und der Handlinien typisch für diese Persönlichkeitsgruppe sein können.

	Merkmal	**Ausprägung**	**Eigenschaften**
Element	Element Erde: Die Erdhand	Der Unschuldige besitzt häufig eine eckige Handform mit einem quadratischen Handteller und kurzen, gedrungenen Fingern. Die Hand ist robust, kräftig und breit. Die Fingerspitzen sind gedrungen und gerade.	Das Element Erde verrät, dass der Unschuldige ein großes Pflichtgefühl und einen ausgeprägten Sinn für Gerechtigkeit besitzt. Diese Persönlichkeiten sind nicht nur zuverlässig, sondern vertreten auch ihre eindeutigen moralischen Wertvorstellungen.
Handform	Psychische Handform	Bei dieser Handausprägung sind die Finger lang, schmal und spitz. Auch die Hand ist schlank und in die Länge gezogen. Die Hand an sich wirkt fein und elegant.	Bei Unschuldigen deutet die psychische Handform auf die innen liegenden Träume, Wünsche und Sehnsüchte hin. Diese Persönlichkeiten streben nach tiefgreifender Erfüllung auf allen Ebenen.
Zone	Saturnzone	Die Saturnzone eines Unschuldigen ist meist gut und normal ausgeprägt, also weder sehr prall noch flach.	Diese Form der Saturnzone repräsentiert die Beständigkeit, Ausgeglichenheit und das Verantwortungsbewusstsein dieses Archetyps.
Handlinie	Herzlinie	Unschuldige besitzen meist eine lange und harmonische Herzlinie.	Diese Ausprägung der Herzlinie spiegelt die soziale und gefühlvolle Ader des Persönlichkeitstyps wider. Er ist treu und ehrlich.
		Häufig endet die Herzlinie unterhalb des Zeigefingers.	Dieses Merkmal bedeutet, dass der Unschuldige Gutmütigkeit und Zuverlässigkeit besitzt. Harmonie ist ihm sehr wichtig, es könnte jedoch sein, dass er aufgrund dessen dazu neigt, Konflikte zu vermeiden.

Die **Lebensaufgabe** eines Unschuldigen ist es, die Welt mit seiner reinen und optimistischen Sichtweise zu bereichern. Seine moralische, zuverlässige, gerechte und ehrliche Art schenkt Hoffnung, denn dieser Archetyp zeigt, dass die Menschheit noch längst nicht verloren ist. Durch ihn kehrt Harmonie und Güte ein. Der Unschuldige muss jedoch auch aufpassen, dass er in seiner Positivität nicht in die Naivität rutscht. Er sollte darauf achten, den Sinn für die Realität nicht zu verlieren. Leider existiert nicht nur Gutes auf der Welt und manchmal gibt es kein Happy End, doch das bedeutet nicht, dass es keine Hoffnung gibt. Mit der Erledigung der Lebensaufgabe des Unschuldigen trägt dieser zur Erfüllung sowie einer besseren Welt bei.

Der Weise – Die Weitergabe von Wissen

Der Weise ist jemand, der sein gesamtes Leben nach seinem Verstand und seinem Geist ausrichtet. Dieser Archetyp orientiert sich an der Freiheit seiner Gedanken und ist von Natur aus sehr neugierig, wodurch er so immer mehr neues Wissen ansammelt. Er ist unglaublich wissbegierig und will stets dazulernen. Der Weise ist immerzu bemüht, sich selbst und die Welt verstehen zu wollen, wobei er von seiner angeborenen Intelligenz und seinen analytischen Talenten Gebrauch macht. Deshalb fällt es ihm auch nicht schwer, Informationen logisch miteinander zu verknüpfen, Zusammenhänge zu erkennen, über interessante Dinge zu sprechen oder eine Diskussion mit wesentlichen Argumenten zu bereichern. Wann immer es der Weise kann, teilt er sein Wissen mit seinen Mitmenschen. Aufgrund seiner enormen geistigen Aktivität, seinen unzähligen Erkenntnissen und seines beneidenswerten Verstandes geht er meist führend voraus. Er handelt stets bedacht und wohl überlegt.

Handcharakteristika

Nun schauen wir uns einmal genauer an, wie sich dieser Archetyp in der Hand widerspiegelt. An den folgenden Merkmalen können Sie erkennen, welche Ausprägungen der Handform, der Zonen und der Handlinien typisch für diese Persönlichkeitsgruppe sein können.

	Merkmal	Ausprägung	Eigenschaften
Element	Element Luft: Die Lufthand	Der Weise ist dem Element Luft zugeordnet, weshalb seine Hände meist durch einen quadratischen Handteller mit gleichzeitig langen Fingern gekennzeichnet sind. Es kann vorkommen, dass er eine dünne und trockene Haut besitzt. Die Handknöchel sind definiert, da die Finger sehr schlank sind.	Das Denken steht bei Menschen mit einer Lufthand im Vordergrund, weshalb auch Weise häufig diese Handform besitzen. Sie sind mit vielen Ideen und einer großen geistigen Aktivität gesegnet. Immateriellen Dingen jeder Art begegnet dieser Archetyp mit starkem Interesse. Das Wichtigste für den Weisen ist es, sich Wissen anzueignen, indem er seinen scharfen Verstand gebraucht. Es ist also kein Wunder, dass er von seinen Mitmenschen als gebildet wahrgenommen wird.
Handform	Handgröße	Weise haben oft große Hände.	Die große Hand repräsentiert die Neigung zur Nachdenklichkeit des Archetyps.
	Philosophische Handform	Dieser Persönlichkeitstyp kann Merkmale einer philosophischen Hand besitzen, die sich durch eine rechteckige bis eiförmige Form, schmale Finger und leicht hervorstehende Fingerknochen kennzeichnet. Zusätzlich sind die Fingernägel oval, wobei der Daumennagel groß ist.	Eine philosophische Handform deutet bei einem Weisen darauf hin, dass er nicht besonders viel Wert auf materiellen Besitz legt. Vielmehr hat bei ihm das Schaffen geistiger Qualitäten Vorrang, dem er mit großem Willen folgt.
	Psychische Handform	Bei dieser Handausprägung sind die Finger lang, schmal und spitz. Auch die Hand ist schlank und in die Länge gezogen. Die Hand an sich wirkt fein und elegant.	Auch hier steht die philosophische Begabung des Persönlichkeitstyps im Fokus. Die innere Welt des Geistes, mit all seinen Sehnsüchten nach Erfüllung, sind das Element des Weisen, doch wenn es um praktische Tätigkeiten geht, ist er hingegen mit nur wenig handwerklichen Veranlagungen ausgestattet.
Handlinie	Kopflinie	Bei weisen Menschen ist die Kopflinie meist eine besonders tiefe Furche.	Die Tiefe der Kopflinie zeigt, wie hoch die Intelligenz und Konzentrationsfähigkeit eines Weisen wirklich sind. Mit Disziplin, Fleiß und Zielstrebigkeit eignet er sich schnell neues Wissen an, wobei ihm die Fähigkeit zum Verstehen komplexer Zusammenhänge behilflich ist.

Die **Lebensaufgabe** eines Weisen ist es, sein enormes Wissen weiterzugeben. Dieser Archetyp hat die Gabe, neue Erkenntnisse wie einen Schwamm aufzusaugen und mit anderen Zusammenhängen zu verknüpfen. Sein kluger Verstand und seine hohe Intelligenz ermöglichen es ihm, hilfreiche von destruktiven Informationen zu unterscheiden, wodurch er in der Lage ist, die Welt besser zu verstehen. Es liegt in der Natur des Weisen, sein Wissen mit anderen Menschen zu teilen, die dieses wiederum nutzen und praktisch anwenden können.

Der Entdecker – Das Streben nach Freiheit und Individualität

Der Archetyp, den man mit Freiheit und Abenteuer verbindet, wird der Entdecker genannt. Er hat in der Regel keine klaren Ziele vor Augen und beschreitet seinen Weg spontan und offen so, wie er sich ihm offenbart. Wichtig ist diesem abenteuerlustigen Charakter lediglich, dass er stets Neues entdecken, erkunden und erleben kann. Es gilt schon fast als eine Beleidigung, wenn man den Entdecker mit anderen Menschen in eine Schublade steckt, denn das untergräbt sein starkes Bedürfnis nach Individualität. Furchtlos, mutig und unabhängig stellt er sich den Herausforderungen seines Lebens, die er in gewisser Hinsicht sogar für eine erfüllte Existenz zwingend benötigt, wohingegen Stillstand, Stagnation und Einschränkungen Dinge sind, mit dem dieser Archetyp nicht so gut umgehen kann. Das Reisen ist die Art und Weise, wie der Entdecker sich am besten selbst kennenlernen kann. Durch das Erleben von Abenteuern kann er seine Individualität zum Ausdruck bringen, denn seine Einzigartigkeit zeigt sich besonders in den Momenten der Prüfungen, bei denen seine Spontanität und sein Umgang mit Problemen gefragt sind. Er ist jedoch auch sehr perfektionistisch, was es schwer macht, ihn zufriedenzustellen.

Handcharakteristika

Nun schauen wir uns einmal genauer an, wie sich dieser Archetyp in der Hand widerspiegelt. An den folgenden Merkmalen können Sie erkennen, welche Ausprägungen der Handform, der Zonen und der Handlinien typisch für diese Persönlichkeitsgruppe sein können.

	Merkmal	Ausprägung	Eigenschaften
Element	Element Feuer: Die Feuerhand	Viele Entdecker haben eine kräftige Hand mit einem großen, langen Handteller und vergleichsweise kurzen, spatelförmigen Fingern.	Die Feuerhand bei einem Entdecker repräsentiert die Aktivität und Impulsivität des Charakters. Dieser Archetyp will das Abenteuer anpacken und ins Tun kommen. Er ist spontan, lebendig, begeisterungsfähig und heißt jegliche Veränderung herzlich willkommen.
Handform	Spatelförmige Hand	Dieser Persönlichkeitstyp hat meist eine Hand- und Fingerform, die einem Spatel ähnelt. Die Fingerspitzen und -nägel sind weder spitz noch gerade, sondern rund, groß und breit. Das lässt die Gliedmaßen allgemein stabiler und massiver wirken.	Die spatelförmige Hand spiegelt die schnelle Handlungsfähigkeit und den Drang nach persönlicher Freiheit des Entdeckers wider. Er neigt sich ungern dem Willen eines anderen Menschen, denn dies untergräbt seine Unabhängigkeit und Spontanität.
	Psychische Handform	Bei dieser Handausprägung sind die Finger lang, schmal und spitz. Auch die Hand ist schlank und in die Länge gezogen. Die Hand an sich wirkt fein und elegant.	Bei Entdeckern deutet die psychische Handform auf die innen liegenden Träume, Wünsche und Sehnsüchte hin. Diese Persönlichkeiten streben nach tiefgreifender Erfüllung auf allen Ebenen.
Fingerform	Starker kleiner Finger	Der kleine Finger eines Entdeckers ist meist kräftig und lang.	Diese Form des kleinen Fingers zeigt, wie aktiv der Entdecker wirklich ist. Er muss stets in Bewegung und unterwegs sein. Dieser Persönlichkeitstyp hat das Gefühl, dass ihm die spannenden Dinge und Abenteuer entgehen, wenn er nicht immerzu unterwegs ist. Mit einer großen Rastlosigkeit strebt er nach neuen Erkenntnissen und Erlebnissen.
Handlinie	Schicksalslinie	Die Schicksalslinie eines Entdeckers kann in der Mitte der Hand beginnen und enden.	Dieser Verlauf der Schicksalslinie zeigt, dass dieser Archetyp ziellos ist. Er neigt dazu, viele Dinge anzufangen, aber nur wenige wirklich zu beenden. Das fördert die Unzufriedenheit eines ansonsten perfektionistisch veranlagten Menschen.

Die **Lebensaufgabe** eines Entdeckers ist, das Neue zu erforschen. Ohne seinen Mut und seine Furchtlosigkeit würden wir in vielen Bereichen des Lebens noch immer an alten Dingen festhalten. Schließlich muss letztendlich einer vorangehen und das Ungewisse bezwingen, um dem Stillstand und der Stagnation entgegenzuwirken. Doch dieser Archetyp bereichert durch seinen inneren Drang nach Abenteuern die Welt mit neuen Entdeckungen. Wenn es ihm gelingt, ein klares Ziel vor Augen festzuhalten und dieses im Einklang mit seinen typischen Charaktereigenschaften zu verfolgen, so wird er großen Erfolg haben.

DIE INITIIERUNG DES WANDELS

Der Rebell, der Zauberer und der Held wollen einen Eindruck hinterlassen und sind auf stetige Veränderung aus.

Der Rebell – Die Befreiung von alten Ketten durch Widerstand

Grenzen überschreiten und alte Gedanken- und Verhaltensweisen in Frage zu stellen sind typische Dinge, die ein Rebell tut. Mit seinem Denken, seiner Kommunikation und seinen Taten provoziert er sein Umfeld enorm, wobei er sich nur wenig darum kümmert, was andere Menschen denken. Seine Welt befindet sich fernab des Mainstreams, denn er schwimmt stets gegen den Strom. Von diesem Archetyp kann man nicht verlangen, dass er sich an Prinzipien, Vorschriften und Regeln hält. Wenn man den Rebellen unter Druck setzt oder gar versucht, ihn zu beeinflussen, so wird man hier auf starken Widerstand stoßen. Er besitzt die benötigten Fähigkeiten, eine Gruppe von Menschen anzuführen, doch unterordnen kann er sich selbst nicht. Dieser Archetyp lässt sich nichts von anderen sagen, denn seine Art drängt ihn zum Anderssein, zu disruptivem Verhalten und dazu, die etablierten Strukturen mal so richtig aufzumischen. Er stellt sich gegen bestehende Normen und konventionelle Ansichten der Gesellschaft, wobei er kämpferisch für seine Auffassungen einsteht. Er tut das alles für mehr Freiheit und Veränderung, im besten Fall zur Verbesserung der Welt. Selbstverständlich eckt er damit ständig an und stößt oft anderen Menschen vor den Kopf. Und dennoch ist dieser Persönlichkeitstyp wichtig, denn er hat die Begabung, wichtige und notwendige Veränderungen zu initiieren, die ansonsten nicht geschehen würden. Geht der Rebell zu sehr in seiner Rolle auf und lebt er seine Eigenschaften auf eine negative Weise aus, so neigt er jedoch zur Selbstzerstörung.

Handcharakteristika

Nun schauen wir uns einmal genauer an, wie sich dieser Archetyp in der Hand widerspiegelt. An den folgenden Merkmalen können Sie erkennen, welche Ausprägungen der Handform, der Zonen und der Handlinien typisch für diese Persönlichkeitsgruppe sein können.

	Merkmal	**Ausprägung**	**Eigenschaften**
Element	Element Feuer: Die Feuerhand	Viele Rebellen haben eine kräftige Hand mit einem großen, langen Handteller und vergleichsweise kurzen, spatelförmigen Fingern.	Der Rebell ist in seinem ganzen Wesen feurig. In seinem Tun ist er stets aktiv und impulsiv, manchmal sogar aufbrausend, wenn es um Lebensbereiche geht, in denen dieser Archetyp Veränderungen initiieren will, oder wenn er sich unterordnen soll. Die Feuerhand symbolisiert die Begeisterungsfähigkeit und die Liebe zum Wandel des Entdeckers. Anpassen kann sich diese Persönlichkeit ganz sicher nicht. Hat er ein neues Projekt gefunden, so will er angreifen und so richtig anpacken. Dieser Charakter ist eindeutig ein sogenannter „Macher“.
Fingerform	Starker und unbiegsamer Daumen	Der Daumen eines Rebellen ist meist nicht besonders flexibel. Dafür ist er jedoch stark, kräftig und voll.	Diese Ausprägung des Daumens hebt den starken Charakter dieses Archetyps hervor. Er besitzt einen so ausgeprägten Willen, dass er sich nicht für andere verbiegt. Unabhängigkeit ist ihm wichtig, weshalb er für eine Führungsposition geeignet ist.
Zone	Marszone	Der Marsberg ist bei einem Rebellen meist gut ausgeprägt.	Da dieser Archetyp einen besonders starken Willen besitzt, durchsetzungsfähig ist und sich nichts gefallen lässt, spiegelt sich dies häufig in einer ausgeprägten Marszone. Der Rebell geht Herausforderungen grundsätzlich nicht aus dem Weg, was jedoch zu Konflikten mit anderen Menschen führen kann.
Handlinie	Schicksalslinie	Die Schicksalslinie kann bei einem Rebellen klar und tief gefurcht sein.	Ist diese Haupthandlinie eindeutig und gleichzeitig tief, so deutet das auf die Eigenschaft der Zielstrebigkeit des Rebellen hin. Er weiß genau, was er erreichen will und was gut für ihn ist, womit er, wenn er seine Fähigkeiten bewusst einsetzt, auch großen Erfolg haben wird.

Die **Lebensaufgabe** des Rebellen ist es, alte Ketten, die die Freiheit der Menschen einschränken, durch Widerstand zu sprengen. Alles, was uns daran hindert, wir selbst zu sein, sowie in Glück und Harmonie unsere Erfüllung zu finden, muss dem Neuen weichen. Der Rebell ist dazu da, diesen Wandel zu initiieren. Seine Aufgabe ist es, mit seinem Denken, seinen Worten und seinem Handeln das Umfeld darauf aufmerksam zu machen, was momentan schiefläuft und dem Glück des Einzelnen im Weg steht. Wenn andere Menschen keinen Mut haben, die unschönen Dinge anzusprechen und sich gegen negative Autoritäten auf-zulehnen, ist der Rebell bereit, diese Aufgabe zu übernehmen. Er besitzt alle Qualitäten, um mit seiner aufrüttelnden Art für den Wandel zu sorgen.

Der Zauberer – Magie als Instrument zur Verwirklichung der Träume

Auch der Zauberer ist ein Archetyp, der revolutionär denkt. Mit seiner magischen Art, die er verkörpert, verwandelt er nicht nur sein eigenes Leben, sondern auch sein Umfeld und das Leben seiner Mitmenschen. Wachstum und stete Veränderung gehören wie selbstverständlich zu seinem Alltag dazu. Er ist ein Visionär mit idealistischen Ansichten. Sein Wille ist, zu transformieren – egal, um welchen Lebensbereich es geht. Überall begegnet dem Zauberer ungenutztes Potential, das ihn scheinbar anfleht, endlich entdeckt und anschließend magisch verwandelt zu werden. Durch seine Kreativität kann er nicht nur Träume real machen, sondern auch andere inspirieren sowie sich selbst verwirklichen. Da sich die Laune eines Zauberers leicht auf seine Umgebung übertragen kann, kann es jedoch dazu kommen, dass sich auch eine mögliche negative Stimmung auf das Umfeld des Persönlichkeitstyps ausbreitet.

Handcharakteristika

Nun schauen wir uns einmal genauer an, wie sich dieser Archetyp in der Hand widerspiegelt. An den folgenden Merkmalen können Sie erkennen, welche Ausprägungen der Handform, der Zonen und der Handlinien typisch für diese Persönlichkeitsgruppe sein können.

	Merkmal	Ausprägung	Eigenschaften
Element	Element Luft: Die Lufthand	Der Zauberer ist dem Element Luft zugeordnet, weshalb seine Hände meist durch einen quadratischen Handteller mit gleichzeitig langen Fingern gekennzeichnet sind. Es kann vorkommen, dass er eine dünne und trockene Haut besitzt. Die Handknöchel sind definiert, da die Finger sehr schlank sind.	Das Denken steht bei Menschen mit einer Lufthand im Vordergrund, weshalb auch Zauberer häufig diese Handform besitzen. Sie sind mit vielen Ideen, Visionen und einer großen geistigen Aktivität gesegnet.
Handform	Philosophische Handform	Dieser Persönlichkeitstyp kann Merkmale einer philosophischen Hand besitzen, die sich durch eine rechteckige bis eiförmige Form, schmale Finger und leicht hervorstehende Fingerknochen kennzeichnet. Zusätzlich sind die Fingernägel oval, wobei der Daumennagel groß ist.	Eine philosophische Handform deutet bei einem Zauberer darauf hin, dass er einen großen Schaffensdrang besitzt und diesen auf eine künstlerische, aber auch kreative Art umsetzten will. Die Fantasie eines Zauberers ist so groß, dass es ihm leicht fällt, neue Ideen und Visionen für eine Veränderung zu entwickeln. Dennoch besitzt er genügend Bodenhaftung, um entscheiden zu können, welcher Traum erfüllt werden kann und welcher nicht realisierbar ist.

Die **Lebensaufgabe** des Zauberers liegt in der Verwirklichung von Träumen. Dank seines tiefen Wunsches nach Transformation und Veränderung kann er zu einem positiven Wandel beitragen. Mithilfe seiner visionären Ansichten und seiner kreativen Ideen sollte er seine Talente so nutzen, um sein Umfeld positiv zu beeinflussen. Dem Zauberer ist es gegeben, Utopie von Machbarem zu unterscheiden, weshalb er genau weiß, welcher Wunsch es wert ist, erfüllt zu werden, und welcher Traum lediglich ein Traum bleiben wird. Seine Gabe ist das Erkennen von ungenutztem Potential. Bevor es verkommt, sollte der Zauberer dieses unbedingt nutzen, um sein Leben und das der restlichen Menschen damit zu bereichern.

Der Held – Das Erlangen der Meisterschaft durch Mut und Stärke

Schon als Kinder verehrten wir Helden aufgrund ihrer guten Charaktereigenschaften und ihrer Taten, die sie zum Wohle aller Menschen ausführten. Mit Kraft, Stärke und Mut tritt der Held aus der Masse hervor und stellt sich seinen Herausforderungen. Er kämpft um Ehre und Macht – bis zum bitteren Ende. Verlieren ist für diesen Archetyp keine Option, denn unter keinen Umständen würde er jemals aufgeben. Das Bedürfnis des Helden, sich stets beweisen zu müssen, ist so groß, dass er immer wieder über sich hinauswächst, selbst dann, wenn die Herausforderung noch so groß ist. Seine besonders stark ausgeprägte Widerstandskraft und seine enorme Vitalität verhelfen diesem Persönlichkeitstyp dazu, große Taten zu vollbringen, die seinen Mitmenschen helfen. Der Held ist ein Vorbild für sein Umfeld, denn er ist integer, zuverlässig, mutig, hilfsbereit und aufrichtig. Sein Ehrgeiz kann ihn jedoch auch so weit treiben, dass diese Eigenschaft ins Negative umschlägt und er zu viel Kontrolle auf alles ausüben will.

Handcharakteristika

Nun schauen wir uns einmal genauer an, wie sich dieser Archetyp in der Hand widerspiegelt. An den folgenden Merkmalen können Sie erkennen, welche Ausprägungen der Handform, der Zonen und der Handlinien typisch für diese Persönlichkeitsgruppe sein können.

	Merkmal	**Ausprägung**	**Eigenschaften**
Element	Element Feuer: Die Feuerhand	Viele Helden haben eine kräftige Hand mit einem großen, langen Handteller und vergleichsweise kurzen, spatelförmigen Fingern.	Das innere Feuer eines Helden ist gewaltig. In seinem Tun ist er stets aktiv und impulsiv, manchmal sogar aufbrausend, wenn es darum geht, für das Gute zu kämpfen. Die Feuerhand symbolisiert die kämpferische Natur des Archetyps, die vor keiner Herausforderung oder Veränderung zurückschreckt. Hat er ein neues Projekt gefunden, so will er angreifen und so richtig anpacken. Dieser Charakter ist eindeutig ein sogenannter „Macher". Der Wunsch nach Macht und Ruhm kann den Helden jedoch auch zu Ungeduld, Übertriebenheit und zum Egoismus treiben.

Handform	Kleine Hand	Es kann vorkommen, dass Helden, im Vergleich zum restlichen Körper, eine kleine Hand besitzen.	Sind die Hände tendenziell eher kleiner, so spricht das für das Wesen des Helden: Er neigt dazu, weniger nachzudenken, denn er schreitet lieber gleich zur Tat. Der Held ist aktiv und wird in der Regel schnell tätig.
	Spatelförmige Handform	Dieser Persönlichkeitstyp hat meist eine Hand- und Fingerform, die einem Spatel ähnelt. Die Fingerspitzen und -nägel sind weder spitz noch gerade, sondern rund, groß und breit. Das lässt die Gliedmaßen allgemein stabiler und massiver wirken.	Die spatelförmige Hand spiegelt die schnelle Handlungsfähigkeit und den Drang nach schnellem Handeln des Helden wider. Er ist dabei eher eigenwillig unterwegs und neigt zu einer gewissen Ich-Bezogenheit.
Zone	Venuszone	Die Venuszone eines Helden ist meist sehr prall und stark ausgeprägt.	Diese Ausprägung der Venuszone repräsentiert die überaus gute Gesundheit und Vitalität des Helden. Seine Triebkraft, sein Lebenswillen und seine Potenz sind herausragend. Mit Leidenschaft vertritt er seine Werte und kämpft für das Gute. Das verleiht ihm zudem eine starke Anziehungskraft, besonders beim anderen Geschlecht.
	Jupiterzone	Dieser Archetyp hat häufig eine gut ausgeprägte und pralle Jupiterzone.	Ist der Jupiterberg bei einem Helden gut vorhanden, so zeigt das seinen Geltungstrieb. Ehre, Ruhm, Macht und Ansehen sind ihm sehr wichtig, wofür der Archetyp hart arbeitet.
	Marszone	Die Marszone ist meist gut ausgeprägt bei einem Helden.	Liegt diese Ausprägung des Marshügels vor, so symbolisiert dies den besonders starken Willen des Helden. Er ist durchsetzungsstark und tut alles dafür, um seine Ziele zu realisieren. Dafür schreckt er nicht einmal vor einem Kampf zurück.

Hand-linien	Schicksalslinie	Die Schicksalslinie kann bei einem Helden klar und tief gefurcht sein.	Ist diese Haupthandlinie eindeutig und gleichzeitig tief, so deutet das auf die Eigenschaft der Zielstrebigkeit des Helden hin. Er weiß genau, was er erreichen will und was gut für ihn ist, womit er, wenn er seine Fähigkeiten bewusst einsetzt, auch großen Erfolg haben wird.
		Ebenso verläuft die Schicksalslinie bei diesem Archetyp meist durch die Mitte anderer Handlinien.	Liegt dieser Umstand vor, so kann der Held seine eigenen Bedürfnisse, Wünsche und Ziele zurückstellen, insofern dies gut für seine Mitmenschen ist. Wenn es das Wohlergehen aller steigert, verzichtet dieser Persönlichkeitstyp auf eigene Ansprüche.
	Lebenslinie	Die Lebenslinie eines Helden ist meist lang, tief und breit.	Nur selten haben Helden mit gesundheitlichen Beschwerden zu kämpfen. Auch ihre Vitalität sucht ihresgleichen, was diesen Archetyp zu dramatischen Kämpfen zum Wohle der Menschheit befähigt.

Die **Lebensaufgabe** eines Helden ist das Erfüllen seiner Bestimmung: Durch seine enorme Vitalität, seinen Mut und seine Widerstandsfähigkeit wurde er dazu geboren, für das Gute zu kämpfen. Er sollte deshalb seine Stärke ausnutzen, damit er sich und seinen Mitmenschen immer dann helfen kann, wenn andere aus Angst oder einem Mangel an körperlichen Voraussetzungen dazu nicht in der Lage sind. Der Held besitzt die Gabe, über sich hinauswachsen zu können, wann immer es nötig ist. Er kann ungeahnte Kräfte mobilisieren, die ihm bei seinen Taten zugutekommen werden. Dieser Archetyp sollte allerdings darauf achten, dass er seine Ziele stets auf die Absicht hin kontrolliert. Wenn er feststellt, dass er egoistisch, übertrieben und von Macht und Erfolgswahn gesteuert handelt, muss er sich selbst die Frage stellen können, ob das der richtige Weg für ihn ist. Der Held wird immer dann seine Lebensaufgabe meistern, wenn es ihm gelingt, selbstlos Gutes zu tun.

DER AUFBAU EINER VERBINDUNG

Der Liebende, der Jedermann und der Narr sehnen sich nach zwischenmenschlicher Verbindung und sozialen Beziehungen.

Der Liebende – Die Sehnsucht nach Intimität und Geborgenheit

Der Liebende ist jener Persönlichkeitstyp, der sich in jeder Lebenslage von seinem Herzen leiten lässt. Er schenkt seinen Mitmenschen Zuneigung und Liebe, denn geliebt zu werden ist das Gefühl, nach dem dieser Archetyp strebt. Er ist stets sensibel, emotional und verführerisch, außerdem besitzt er einen großartigen Sinn für Schönheit, egal, welche Form sie annimmt. Der Liebende ist sinnlich und leidenschaftlich veranlagt, wobei er ein waschechter Romantiker ist. Enthusiastisch kann er sich sinnlichen Erfahrungen, wie Berührungen, Genüssen, Düften und Ästhetik, vollkommen hingeben. Doch nicht nur seine eigenen Gefühle und Emotionen sind dem Liebenden wichtig, denn durch seine herzzentrierte Lebensweise sorgt er sich auch um das Wohlergehen seiner Mitmenschen. Mit seiner Liebe und der Geborgenheit, die er vermittelt, tut er anderen Menschen gut.

Handcharakteristika

Nun schauen wir uns einmal genauer an, wie sich dieser Archetyp in der Hand widerspiegelt. An den folgenden Merkmalen können Sie erkennen, welche Ausprägungen der Handform, der Zonen und der Handlinien typisch für diese Persönlichkeitsgruppe sein können.

	Merkmal	**Ausprägung**	**Eigenschaften**
Element	Element Wasser: Die Wasserhand	Die Wasserhand zeichnet sich durch ihren langgezogenen Handteller und die ebenso langen Finger aus. Letztere sind häufig zart und schmal, sie verlaufen kegelförmig und an den Spitzen konisch zusammen. Dadurch wirkt diese Hand fein und fragil.	Persönlichkeitstypen, die „nahe am Wasser gebaut" sind, besitzen meist eine Wasserhand, so auch der Liebende. Nahe am Wasser gebaut zu sein bedeutet, dass ein Mensch sehr emotional ist und relativ schnell in Tränen ausbricht – ob aus Trauer, Angst, Freude oder Dankbarkeit. Dieser Archetyp ist zudem anpassungsfähig, genau wie es auch das Element Wasser mit seinen fließenden Eigenschaften ist. Diese Persönlichkeiten sind wechselhaft in ihren Emotionen,

			die ganz klar im Vordergrund stehen – Herz vor Kopf. Liebende gelten als sensibel, mitfühlend, intuitiv, kreativ, tiefgründig, feinfühlig und sanft, aber auch als verträumt, beeinflussbar und leicht ausnutzbar. Aufgrund ihrer rücksichtsvollen und unaufdringlichen Art sind sie eine angenehme Gesellschaft, die sich fürsorglich um andere kümmert und gerne hilft.
Handform	Kegelförmige Handform	Die Grundform, die die Hand eines Liebenden meist aufweist, ist konisch. Der Handteller ist breit, während die Finger lang und schlank sind. Die Fingerspitzen mit langen, schmalen Fingernägeln laufen spitz zusammen.	Die kegelförmige Hand spiegelt den gefühlsbetonten Charakter von diesem Archetyp wider. Er kann sich gut an äußere Begebenheiten anpassen, ist hilfsbereit, fantasievoll und künstlerisch veranlagt. Allerdings besitzt der Liebende auch das Bedürfnis, sich an anderen anzulehnen, was ihn anfällig für jegliche Beeinflussungen macht.
Zone	Mondzone	Die Mondzone ist meist sehr gut bei Liebenden ausgeprägt.	Der prall vorhandene Mondberg zeugt von der angeborenen Intuition des Liebenden. Er träumt viel von Liebe und Geborgenheit. Dieser Archetyp ist jedoch auch so emotional, dass er zu Gefühlsschwankungen neigt.
Handlinie	Herzlinie	Die Herzlinie von diesem Persönlichkeitstyp ist meist lang und harmonisch.	Der Liebende ist ein mitfühlender, sozialer, warmherziger, ehrlicher und treuer Mensch, was durch diese Ausprägung der Handlinie deutlich wird.
		Oft besitzt die Herzlinie eines Liebenden einen kurvigen Verlauf.	Die Kurven der Handlinie repräsentieren die Emotionalität des Trägers. Er zeigt offen seine Empfindungen, während er sehr leidenschaftlich und romantisch ist. Gleichzeitig besitzt dieser Archetyp ein großes Bedürfnis nach Harmonie, körperlicher Nähe und tiefsinnigen Gesprächen.
		Die Herzlinie endet meist bei diesen Menschen zwischen dem Zeige- und Mittelfinger.	Diese Ausprägung der Herzlinie spricht ebenso für die gefühlsbetonte Art des Liebenden. Er weint schnell, da er so mitfühlend und warmherzig ist.

Die **Lebensaufgabe** eines Liebenden ist es, mit seiner Herzlichkeit und tiefen Liebe die Welt ein bisschen besser zu machen. In den hektischen und wettbewerbsorientierten Zeiten, die wir erleben, ist es umso wichtiger, dass es immer noch Menschen gibt, die bedingungslos lieben können. Es sind Archetypen wie dieser, die die Hoffnung in die Menschheit bewahren, denn sie repräsentieren all die schönen Seiten eines Charakters. Es ist die Gabe des Liebenden, dank seiner mitfühlenden und herzlichen Art seinen Mitmenschen bedingungslos beizustehen. Wenn er anderen hilft und sich um sie kümmert, tut er damit nicht nur der Menschheit Gutes, sondern erfüllt damit auch seine eigene Lebensaufgabe durch den Aufbau einer auf Liebe basierenden Verbindung.

Der Narr – Humor, Lust und Vergnügen

Der Narr ist ein verspielter, optimistischer und neckischer Geselle. Bei ihm steht der Spaß an oberster Stelle, denn sein Sinn für Humor ist besonders stark ausgeprägt. Das lässt ihn manchmal leicht kindisch wirken, doch das ist dem Narren egal, denn er kann hervorragend über sich selbst lachen, was ihn für viele Menschen sympathisch macht. Nichts nimmt er zu ernst, denn alles scheint ein Spiel für ihn zu sein. Dieser Archetyp trägt keine Maske, die seine Authentizität überdecken könnte, weshalb er sich selten bis nie zurücknimmt. Ohne Gesellschaft, die der Narr auflockern und unterhalten kann, ist er nichts, weshalb er als sehr extrovertiert beschrieben werden kann. Gleichzeitig schätzt er die Verbindung zu anderen Menschen sehr, was seine empathische, mitfühlende und großzügige Seite hervorbringt. Die höchste Priorität dieses Persönlichkeitstyps liegt darin, das Leben in vollen Zügen zu genießen, was jedoch in negativen Fällen als faul, obszön und gierig wahrgenommen werden kann.

Handcharakteristika

Nun schauen wir uns einmal genauer an, wie sich dieser Archetyp in der Hand widerspiegelt. An den folgenden Merkmalen können Sie erkennen, welche Ausprägungen der Handform, der Zonen und der Handlinien typisch für diese Persönlichkeitsgruppe sein können.

	Merkmal	Ausprägung	Eigenschaften
Element	Element Luft: Die Lufthand	Der Narr ist dem Element Luft zugeordnet, weshalb seine Hände meist durch einen quadratischen Handteller mit gleichzeitig langen Fingern gekennzeichnet sind. Es kann vorkommen, dass er eine dünne und trockene Haut besitzt. Die Handknöchel sind definiert, da die Finger sehr schlank sind.	Das Denken steht bei Menschen mit einer Lufthand im Vordergrund, weshalb auch der Narr häufig diese Handform besitzt. Er ist mit vielen Ideen, Visionen und einer großen geistigen Aktivität gesegnet. Gleichzeitig ist dieser Archetyp ein besonders geselliger Typ mit kommunikativen Begabungen. Allerdings neigt er auch dazu, sich eher mit den spaßigen und humorvollen Angelegenheiten zu beschäftigen und alles, was unangenehm oder anstrengend ist, von sich zu schieben. Ablenken und die Dinge schönreden sind seine Strategien, um solche Themen zu vermeiden. Häufig wird der Narr deswegen als oberflächlich eingestuft.
Handform	Handgröße	Dieser Archetyp hat meist vergleichsweise kleinere Hände.	Kleinere Hände sprechen grundsätzlich für Persönlichkeiten, die dazu tendieren, weniger nachzudenken, bevor sie etwas tun.
Zone	Saturnzone	Häufig fehlt bei einem Narren die Saturnzone.	Ist der Saturnhügel nicht vorhanden, so zeigt das, dass der Charakter leichtfertig ist und eine oberflächliche, bedenkenlose Sichtweise auf das Leben hat.
	Merkurzone	Viele Vertreter dieses Persönlichkeitstyps haben eine gut ausgeprägte Erhöhung im Bereich der Zone des Merkurs.	Die Fähigkeit zur Kommunikation sticht hervor, wenn die Merkurzone gut ausgeprägt ist. Dies repräsentiert das schnelle Denken des Narren, ebenso wie seine kluge, beredsame und witzige Art. Er ist clever, weshalb er ein Geschick in psychologischen und kommunikativen Angelegenheiten besitzt.
		In einigen Fällen zeigt dieser Archetyp eine sehr ausgeprägte und pralle Merkurzone auf.	Liegt diese Ausprägung des Merkurhügels vor, so deutet dieser Umstand auf einen Narren hin, der die negativen Seiten seines Archetyps auslebt. Sein Wunsch nach Besitz treibt seine Gier voran und fördert seine unzuverlässigen Eigenschaften.

Pluto-zone	Die Plutozone eines Narren kann sehr prall und sehr ausgeprägt sein.	Ist der Plutoberg sehr stark sichtbar, so zeigt das, dass manche Mitmenschen den Narren aufgrund seines unbedachten, losen Mundwerks und seines freien, leichtfertigen Charakters als unhöflich und verschwenderisch bezeichnen würden.

Die **Lebensaufgabe** des Narren liegt in der Auflockerung der Ernsthaftigkeit. Wann immer der Mensch sein Leben und seine Probleme schon wieder zu ernst nimmt und deshalb weder Freude noch Vergnügen empfinden kann, ist der Narr gefragt. Ihm gelingt es, durch seine lockere, humorvolle Art seine Mitmenschen an die spielerische, kindliche und optimistische Seite des Lebens zu erinnern. Wir sind schließlich hier auf der Erde, um diese auch genießen zu können – es wäre schließlich unendlich schade, wenn wir die schönen und leichten Aspekte des Lebens nicht sehen könnten! Unsere Existenz wäre tragisch und wenig lebenswert, wenn es nur um Arbeit, Besitz, Ansehen und Macht ginge. Eine weitere Gabe des Narren ist es, hinter die Masken seiner Mitmenschen zu blicken und damit jene innerlichen Fassaden einzureißen, die andere zu ihrem eigenen Schutz erbaut haben. Damit zeigt der Archetyp seiner Umgebung, wie wunderbar befreiend es sein kann, authentisch und ehrlich der Mensch zu sein, der man ist – mit all seinen Facetten.

Der Jedermann – Der Wunsch nach Einfachheit und Zugehörigkeit

Ein Jedermann zu sein ist keineswegs eine Abwertung, denn dieser Archetyp zeichnet sich durch Authentizität und Einfachheit aus. Der Jedermann ist traditionsbewusst, bescheiden und bodenständig. In sozialen Gesichtspunkten ist er überaus verträglich und immer freundlich, egal, welchem Menschen er begegnet. Er macht keinen Unterschied zwischen arm und reich, jung und alt oder gebildet und ungebildet, da er jeden so annehmen kann, wie er ist. Seine Qualität liegt in seiner Fähigkeit, sich anderen anzupassen, was ihn zugänglich für jeden Menschen macht. Der Jedermann kommt einfach mit jedem gut zurecht. Sein Bedürfnis nach Gemeinschaft und Zugehörigkeit ist allerdings so stark ausgeprägt, dass er sich selbst nicht als so wichtig erachtet und lieber seine Mitmenschen mit ihren Wünschen und Bedürfnissen in den Vordergrund rückt. Sein enormer Drang nach dem Herstellen und dem Bewahren der Harmonie kann in extremen Fällen dazu führen, dass sich der Jedermann selbst vernachlässigt und alles dafür tut, dass es seinem Gegenüber gut geht. Manche würden ihn als sogenannten „People

Pleaser“ bezeichnen: Das ist ein Mensch, der es allen recht machen möchte und dafür in Kauf nimmt, seine eigenen Gefühle und Wünsche hinten anzustellen.

Handcharakteristika

Nun schauen wir uns einmal genauer an, wie sich dieser Archetyp in der Hand widerspiegelt. An den folgenden Merkmalen können Sie erkennen, welche Ausprägungen der Handform, der Zonen und der Handlinien typisch für diese Persönlichkeitsgruppe sein können.

	Merkmal	Ausprägung	Eigenschaften
Element	Element Erde: Die Erdhand	Der Jedermann besitzt häufig eine eckige Handform mit einem quadratischen Handteller und kurzen, gedrungenen Fingern. Die Hand ist robust, kräftig und breit. Die Fingerspitzen sind gedrungen und gerade.	Das Element Erde verrät, dass der Jedermann ein großes Pflichtgefühl und einen ausgeprägten Sinn für Gerechtigkeit besitzt. Diese Persönlichkeiten sind nicht nur zuverlässig, sondern auch kontinuierlich in ihren Worten und Taten. Es sind eher ruhige und unaufdringliche Menschen, die sich passiv verhalten. Sicherheit, Einfachheit und Zugehörigkeit sind ihnen sehr wichtig.
	Element Wasser: Die Wasserhand	Der Jedermann kann ebenso vereinzelt Eigenschaften einer Wasserhand aufweisen. Die Wasserhand zeichnet sich durch ihren langgezogenen Handteller und durch ebenso lange Finger aus. Letztere sind häufig zart und schmal, sie verlaufen kegelförmig und an den Spitzen konisch zusammen. Dadurch wirkt diese Hand fein und fragil.	Der Jedermann gilt als sensibel, mitfühlend und sanft, aber auch als beeinflussbar und leicht auszunutzen. Aufgrund ihrer rücksichtsvollen, zurückhaltenden und unaufdringlichen Art sind diese Persönlichkeitstypen eine angenehme Gesellschaft, die sich fürsorglich um andere kümmert und gerne hilft. Andererseits nimmt die Anpassungsfähigkeit des Elements Wasser einen großen Einfluss auf den Jedermann, denn diese Eigenschaft führt dazu, dass sich der Archetyp ständig an seine Umgebung und seine Mitmenschen anpasst. Statt als Individuum für sich und seine Bedürfnisse einzustehen, widmet er sich lieber anderen. Er stellt sich dabei selbst zurück und nicht selten wird seine hilfsbereite Ader ausgenutzt.

Handform	Kegelförmige Handform	Die Hand eines Jedermanns kann konisch geformt sein, wobei der untere Bereich breit ist und sich nach oben hin verjüngt. Die Finger sind lang, schlank, trotzdem jedoch stark. Die Fingerspitzen sind spitz, die Fingernägel sind lang und schmal.	Die kegelförmige Handform repräsentiert den Jedermann mit seiner stark ausgeprägten Anpassungsfähigkeit. Er lehnt sich an das Leben und die Meinungen seiner Mitmenschen an, um dazuzugehören, doch das macht ihn leider auch leicht beeindruck- und beeinflussbar.
Fingerform	Krumme Finger	Viele Vertreter dieses Archetyps haben gebogene oder krumme Finger.	Sind die Finger nicht gerade, zeigt das, wie wenig sich der Jedermann im persönlichen Gleichgewicht befindet. Er kann schlecht Geschenke und Hilfe von anderen annehmen und gibt viel lieber selbst. Der Jedermann verbiegt sich für die Zuneigung anderer und passt sich an, statt sich selbst durchzusetzen.
Zone	Marszone	Die Marszone eines Jedermanns ist meist eher schwach und nur wenig erhöht.	Liegt diese Ausprägung des Marsberges vor, so deutet dies auf das Bedürfnis des Jedermanns nach Harmonie hin. Er leidet förmlich darunter, wenn es Streit gibt oder Missverständnisse aufgetreten sind, weshalb er dazu tendiert, sich zurückzuhalten sowie Konflikte und Diskussionen gänzlich aus dem Weg zu gehen.
Handlinie	Herzlinie	Die Herzlinie dieses Archetyps ist meist harmonisch und lang geformt.	Der lange und harmonische Verlauf der Herzlinie spricht für die gefühlvolle, mitfühlende und warmherzige Seite des Jedermanns. Er ist sehr sozial, dabei immer ehrlich und treu.
	Schicksalslinie	Häufig trifft man bei einem Jedermann eine Schicksalslinie an, die mittig durch andere Handlinien verläuft.	Diese Beobachtung verrät, dass der Jedermann immer wieder seine eigenen Ansichten, Ziele, Wünsche und Bedürfnisse zurückstellt, um es seinen Mitmenschen recht machen zu können.

Die **Lebensaufgabe** eines Jedermanns ist es, eine Balance zwischen Geben und Nehmen zu finden. Auch wenn es eine besondere Gabe ist, dass dieser Archetyp jeden Menschen bedingungslos so annehmen kann, wie er ist, und dass er aufgrund seines Charakters mit jedem gut auskommt, so darf er dabei nicht sich selbst vergessen. Wenn er nicht gut auf sich selbst achtet, wird er früher oder später nicht mehr in der Lage sein, anderen zu helfen, da seine eigenen Kraftreserven aufgebraucht sind. Schließlich kann und sollte niemand sein Leben nur für andere leben – nicht einmal der Jedermann. Er wird von allen sehr geschätzt und hat es schon allein deshalb verdient, seine Träume auszuleben. Der Jedermann sollte sich bewusst machen, dass er auch dann zugehörig ist und angenommen wird, wenn er mal etwas für sein eigenes Wohlergehen tut. Niemand verlangt von ihm, dass er es rund um die Uhr allen anderen recht macht, außer er selbst. Wenn es diesem Archetyp gelingt, ein Gleichgewicht zwischen Geben und Nehmen herzustellen, so wird ihm klar werden, dass er seinen Mitmenschen so sogar noch mehr helfen kann.

DIE ERHALTUNG VON ORDNUNG UND STRUKTUR

Der Betreuer, der Herrscher und der Schöpfer hingegen repräsentieren Ordnung und Struktur.

Der Betreuer – Im selbstlosen Dienst der Menschheit

Eine Persönlichkeit, die anderen Menschen selbstlos und aufopferungsvoll hilft, kann als Betreuer beschrieben werden. Dieser Archetyp spendet mütterliche Geborgenheit und Schutz. Sein tiefer Wunsch ist es, sein Umfeld vor Schaden, Leid und Angst zu bewahren, wobei er versucht, mit all seinen Mitteln Risiken und Gefahren abzuwenden. Mit liebender Fürsorge, Mitgefühl und Opferbereitschaft kümmert sich der Betreuer in einem mütterlichen Stil tendenziell mehr um seine Mitmenschen als um sich selbst. Dabei ist es sein Wunsch, Sicherheit, Geborgenheit und Schutz zu bieten. Nur aufgrund seiner Belastbarkeit und Stärke, die er vor allem auf mentaler Ebene besitzt, kann dieser Persönlichkeitstyp sich so hilfsbereit und hingebungsvoll um andere kümmern. Lebt der Betreuer seine typischen Eigenschaften in einem negativen Sinn aus, so kann er sich zu einem

Märtyrer entwickeln, der seine Mitmenschen stets wissen lässt, welche Opfer er erbringen musste. Diese Haltung basiert vorrangig auf dem Bedürfnis nach Kontrolle und Einfluss.

Handcharakteristika

Nun schauen wir uns einmal genauer an, wie sich dieser Archetyp in der Hand widerspiegelt. An den folgenden Merkmalen können Sie erkennen, welche Ausprägungen der Handform, der Zonen und der Handlinien typisch für diese Persönlichkeitsgruppe sein können.

	Merkmal	Ausprägung	Eigenschaften
Element	Element Wasser: Die Wasserhand	Die Wasserhand zeichnet sich durch ihren langgezogenen Handteller und durch ebenso lange Finger aus. Letztere sind häufig zart und schmal, sie verlaufen kegelförmig und an den Spitzen konisch zusammen. Dadurch wirkt diese Hand fein und fragil.	Bei dem Betreuer steht seine Aufopferungsbereitschaft im Vordergrund, die durch die Wasserhand repräsentiert wird. Er ist extrem fürsorglich und hilft bedingungslos anderen Menschen. Er kümmert sich um alles, auch dann, wenn es seine Opfer fordert. Dieser Archetyp ist zudem anpassungsfähig, genau wie es auch das Element Wasser mit seinen fließenden Eigenschaften ist. Das kann jedoch auch so weit gehen, dass sich der Betreuer komplett auf andere einstellt und völlig vergisst, sich um sich selbst zu kümmern. Das könnte einige Mitmenschen dazu verleiten, ihn auszunutzen.
Handform	Kegelförmige Handform	Die Hand eines Betreuers kann konisch geformt sein, wobei der untere Bereich breit ist und sich nach oben hin verjüngt. Die Finger sind lang, schlank, trotzdem jedoch stark. Die Fingerspitzen sind spitz, die Fingernägel sind lang und schmal.	Die kegelförmige Handform repräsentiert den Betreuer mit seiner stark ausgeprägten Anpassungsfähigkeit. Er lehnt sich an das Leben und die Meinungen seiner Mitmenschen an, um dazuzugehören, doch das macht ihn leider auch leicht beeindruck- und beeinflussbar.
	Eckige Handform	Der Betreuer kann zudem Eigenschaften einer eckigen Hand aufzeigen, die sich durch eine breite Handform	Menschen mit eckigen Händen leben ihr Leben stets mit Methodik und Systematik. Ordnung und Struktur ziehen sich durch alle Bereiche hindurch, wobei sie

		und durch kantige Fingerspitzen auszeichnet. Die Finger sind kurz und kräftig mit gedrungenen und geraden Fingerspitzen.	realitätsnah sind. Das Pflichtgefühl des Betreuers ist sehr stark und auch der Sinn für Gerechtigkeit ist so ausgeprägt, dass dieser Archetyp wahrlich zuverlässig ist.
Fingerform	Krumme Finger	Viele Vertreter dieses Archetyps haben gebogene oder krumme Finger.	Sind die Finger nicht gerade, zeigt das, wie wenig sich der Betreuer im persönlichen Gleichgewicht befindet. Er kann schlecht Geschenke und Hilfe von anderen annehmen und gibt viel lieber selbst. Der Betreuer verbiegt sich für die Zuneigung anderer und passt sich an, statt sich selbst durchzusetzen.
Handlinie	Herzlinie	Die Herzlinie dieses Archetyps ist meist harmonisch und lang geformt.	Der lange und harmonische Verlauf der Herzlinie spricht für die gefühlvolle, mitfühlende und warmherzige Seite des Betreuers. Er ist sehr sozial, dabei immer ehrlich und treu.
	Schicksalslinie	Häufig trifft man bei einem Betreuer eine Schicksalslinie an, die mittig durch andere Handlinien verläuft.	Diese Beobachtung verrät, dass der Betreuer immer wieder seine eigenen Ansichten, Ziele, Wünsche und Bedürfnisse zurückstellt, um es seinen Mitmenschen recht machen zu können.

Die **Lebensaufgabe** eines Betreuers liegt in seiner Fähigkeit, sich selbstlos in den Dienst der Menschheit zu stellen. Dieser Archetyp ist ein Mensch, der dank seines Charakters unglaublich vielen Mitmenschen hilft und diesen ermöglicht, ihre Ziele und Wünsche zu erreichen. Er spendet tröstende Sicherheit, Geborgenheit und Schutz und wird deshalb von seinem Umfeld stark geschätzt. Seine Aufopferungsbereitschaft ist ehrenwert und doch muss der Betreuer ein Mittelweg zwischen Geben und Nehmen finden. Er sollte sich nach dem „Warum“ fragen: Was ist der Grund hinter seinen Worten und Taten? Warum opfert er sich stets für andere auf? Wenn es um Kontrolle und Anerkennung geht, so sollte der Betreuer seine Absichten reflektieren. Dieser Persönlichkeitstyp sollte sich bewusst werden, dass man auch anderen helfen kann, ohne sich dabei völlig selbst zu verlieren – dieser Weg ist sogar der bessere! Der Betreuer ist also in der Lage, seiner Lebensaufgabe nachzugehen, nämlich dem Helfen anderer Menschen, und das, ganz ohne persönliche Opfer bringen zu müssen. Es gilt, dieses Mittelmaß zu finden.

Der Herrscher – Die Bewahrung der Kontrolle zum Schutz der Untergebenen

Der Herrscher ist jener Archetyp, der den typischen Anführer repräsentiert. Sein Bedürfnis ist es, in jeder Situation, in der er beteiligt ist, die Führung und Verantwortung zu übernehmen, denn für ihn existieren viele Gründe, warum andere sich ihm beugen sollten und seine Ansichten die richtigen sind. Der Herrscher ist stets standfest in seinen Überzeugungen und Taten, er ist dominant, kultiviert, selbstbewusst und er strebt die Exzellenz an. Dieser Archetyp gibt den Ton an und weist anderen den Weg. Er bewahrt die Ordnung, Struktur und möchte seinen Untergebenen Schutz spenden, verlangt jedoch von ihnen im Gegenzug, dass seinem Beispiel gefolgt wird. Seine Begierde nach Macht und Kontrolle ist sehr stark ausgeprägt und kann in das Negative umschlagen. Dann beginnt der Herrscher damit, anderen Menschen seinen Willen aufzwingen zu wollen, wodurch er sich zu einem Tyrannen entwickeln kann.

Handcharakteristika

Nun schauen wir uns einmal genauer an, wie sich dieser Archetyp in der Hand widerspiegelt. An den folgenden Merkmalen können Sie erkennen, welche Ausprägungen der Handform, der Zonen und der Handlinien typisch für diese Persönlichkeitsgruppe sein können.

	Merkmal	**Ausprägung**	**Eigenschaften**
Element	Element Feuer: Die Feuerhand	Die meisten Herrscher haben eine kräftige Hand mit einem großen, langen Handteller und vergleichsweise kurzen, spatelförmigen Fingern.	Das innere Feuer eines Herrschers ist gewaltig und das braucht er auch, um in der Lage zu sein, sein Volk zu beschützen. Er ist der geborene Anführer schlechthin. In seinem Tun ist er stets aktiv und impulsiv, manchmal sogar aufbrausend, wenn es darum geht, die Ordnung und Struktur wiederherzustellen. Die Feuerhand symbolisiert die kämpferische Natur des Archetyps, die vor keiner Herausforderung oder Veränderung zurückschreckt. Hat er ein neues Projekt gefunden, so will er angreifen und so richtig anpacken. Dieser Charakter ist eindeutig ein sogenannter „Macher“. Der Herrscher

			ist begeisterungsfähig und extrovertiert. Der Wunsch nach Macht, Ruhm und Kontrolle ist jedoch so stark vorhanden, dass dies auch zur Übertriebenheit und zum Egoismus des Charakters führen kann.
Handform	Spatelförmige Hand	Dieser Persönlichkeitstyp hat meist eine Hand- und Fingerform, die einem Spatel ähnelt. Die Fingerspitzen und -nägel sind weder spitz noch gerade, sondern rund, groß und breit. Das lässt die Gliedmaßen allgemein stabiler und massiver wirken.	Die spatelförmige Hand spiegelt die schnelle Handlungsfähigkeit und den Drang nach persönlicher Freiheit des Herrschers wider. Er neigt sich ungern dem Willen eines anderen Menschen, denn dies untergräbt seine Unabhängigkeit und Spontanität. Der Herrscher ist sich für nichts zu schade und macht sich auch mal schmutzig, wenn es notwendig ist. Allerdings neigt er auch zu Ungeduld, Eigenwilligkeit und Ich-Bezogenheit.
	Eckige Handform	Der Betreuer kann zudem Eigenschaften einer eckigen Hand aufzeigen, die sich durch eine breite Handform und durch kantige Fingerspitzen auszeichnet. Die Finger sind kurz und kräftig mit gedrungenen und geraden Fingerspitzen.	Menschen mit eckigen Händen leben ihr Leben stets mit Methodik und Systematik. Ordnung und Struktur ziehen sich durch alle Bereiche hindurch, wobei sie realitätsnah sind. Das Pflichtgefühl des Betreuers ist sehr stark und auch der Sinn für Gerechtigkeit ist so ausgeprägt.
Fingerform	Starker und unbiegsamer Daumen	Der Daumen eines Herrschers ist meist nicht besonders flexibel. Dafür ist er jedoch stark, kräftig und voll.	Diese Ausprägung des Daumens hebt den starken Charakter dieses Archetyps hervor. Er besitzt einen so ausgeprägten Willen, dass er sich nicht für andere verbiegt. Unabhängigkeit ist ihm wichtig, weshalb er für eine Führungsposition geeignet ist.
	Langer Zeigefinger	Viele Herrscher besitzen einen langen Jupiterfinger, der länger ist als der Ringfinger.	Diese Ausprägung des Fingers steht für den enormen Geltungsanspruch des Herrschers. Er besitzt ein großes Selbstwertgefühl und viel Ehrgeiz. Er strahlt eine natürliche Autorität aus. Die Talente des Archetyps liegen in der Organisation und der Wahrung von Struktur und Ordnung.

			Da der Daumen bei einem Herrscher meist stark ist, zeugt das von der extrovertierten Art dieses Persönlichkeitstyps.
		Die Spitze des Zeigefingers ist bei einem Herrscher häufig spatelförmig.	Liegt diese Ausprägung vor, so ist der Charakter zusätzlich besonders stark an der Entfaltung seiner Macht interessiert.
Zone	Jupiterzone	Bei Herrschern ist so gut wie immer die Jupiterzone äußerst prall und stark ausgeprägt.	Der Jupiterberg, der prall ist, repräsentiert das Bedürfnis nach Dominanz des Herrschers über andere Menschen. Er strebt eine Führungsrolle an, denn Ansehen, Ruhm und Erfolg sind sein persönlicher Antrieb.
	Marszone	Die Marszone ist meist gut ausgeprägt bei einem Herrscher.	Liegt diese Ausprägung des Marshügels vor, so symbolisiert es den besonders starken Willen des Archetyps. Er ist durchsetzungsstark und tut alles dafür, um seine Ziele zu realisieren. Dafür schreckt er nicht einmal vor einem Kampf zurück.

Die **Lebensaufgabe** eines Herrschers ist, sein Verlangen nach Macht und Kontrolle zu besänftigen. Dass dieser Archetyp ein Talent für eine Führungsposition besitzt und alle Veranlagungen mitbringt, die ihn befähigen, anderen Menschen Schutz zu gewähren, steht außer Frage. Dennoch darf er seinen Geltungsanspruch und seine persönlichen Absichten nicht über die seiner Untergebenen stellen oder gar durch diese ausleben. Die Priorität eines Herrschers sollte stets auf den Menschen liegen, für die er die Verantwortung übernimmt und die er unter seine Fittiche genommen hat. Ihr Schutz ist das, was es zu bewahren gilt – und nicht sein Verlangen nach Kontrolle und Macht. Wenn es dem Herrscher gelingt, seine Lebensaufgabe zu meistern, indem er seine Begabungen für den guten Zweck einsetzt und es dabei nicht übertreibt, so wird er Großartiges vollbringen, zu dem sonst kaum einer in der Lage wäre.

Der Schöpfer – Mit Kreativität und Innovation zum Aufschwung

Der Schöpfer liebt alles Neue und Innovative, weshalb sein tiefster Wunsch das Erschaffen von diesen Dingen ist. Sein Drang nach Freiheit und Autarkie schafft die notwendige Motivation, um im Geist offen für Veränderungen zu sein. Das bringt jedoch auch ein gewisses provokantes, gewagtes und risikoreiches Auftreten mit sich, das sich jedoch oft bezahlt macht. Dieser Archetyp ist äußerst klug, denkt nicht konformistisch, er ist einfallsreich und handelt stets konsistent. Er inspiriert andere Menschen mit seiner Kreativität, die ihresgleichen sucht. Nur selten kann man seine Laune trüben. Wenn er die bestehenden Grenzen jedoch zu weit überschreitet und nicht genug nachdenkt, bevor er aktiv wird, kann er auch ins Straucheln geraten.

Handcharakteristika

Nun schauen wir uns einmal genauer an, wie sich dieser Archetyp in der Hand widerspiegelt. An den folgenden Merkmalen können Sie erkennen, welche Ausprägungen der Handform, der Zonen und der Handlinien typisch für diese Persönlichkeitsgruppe sein können.

	Merkmal	Ausprägung	Eigenschaften
Element	Element Luft: Die Lufthand	Der Schöpfer ist dem Element Luft zugeordnet, weshalb seine Hände meist durch einen quadratischen Handteller mit gleichzeitig langen Fingern gekennzeichnet sind. Es kann vorkommen, dass er eine dünne und trockene Haut besitzt. Die Handknöchel sind definiert, da die Finger sehr schlank sind.	Das Denken steht bei Menschen mit einer Lufthand im Vordergrund, weshalb auch der Schöpfer häufig diese Handform besitzt. Er ist mit vielen Ideen und einer großen geistigen Aktivität gesegnet. Immateriellen Dingen jeder Art begegnet dieser Archetyp mit starkem Interesse. Das Wichtigste für den Schöpfer ist es, seinen scharfen Verstand für Kreatives und Neues einzusetzen. Es ist also kein Wunder, dass er von seinen Mitmenschen als gebildet und inspirierend wahrgenommen wird.
Handform	Eckige Handform	Der Schöpfer kann zudem Eigenschaften einer eckigen Hand aufzeigen, die sich durch eine breite Handform und durch kantige Fingerspitzen auszeichnet. Die Finger sind kurz und kräftig mit gedrungenen und geraden Fingerspitzen.	Menschen mit eckigen Händen leben ihr Leben stets mit Methodik und Systematik. Ordnung und Struktur ziehen sich durch alle Bereiche hindurch, wobei sie einen besonders ausgeprägten Sinn für gestaltende Aktivitäten besitzen.
	Philosophische Handform	Dieser Persönlichkeitstyp kann Merkmale einer philosophischen Hand besitzen, die sich	Eine philosophische Handform deutet bei einem Schöpfer darauf hin, dass er nicht besonders viel Wert auf materiellen Besitz legt.

		durch eine rechteckige bis eiförmige Form, durch schmale Finger und leicht hervorstehende Fingerknochen kennzeichnet. Zusätzlich sind die Fingernägel oval, wobei der Daumennagel groß ist.	Vielmehr hat bei ihm das Schaffen von Neuerungen Vorrang, dem er mit großem Willen folgt.
Zone	Mondzone	Die Mondzone ist meist sehr gut bei Schöpfern ausgeprägt.	Der prall vorhandene Mondberg zeugt von der angeborenen Intuition des Schöpfers. Er weist besonders stark auf seinen großartigen Einfallsreichtum hin.
Handlinie	Kopflinie	Die Kopflinie bei einem Schöpfer ist nicht selten verästelt oder teilweise sogar gebrochen.	Diese Ausprägungen der Kopflinie repräsentieren die angeborene Kreativität und Schöpferkraft dieses Archetyps, die ihresgleichen suchen. Sie sprechen jedoch auch für eine leichte Sprunghaftigkeit des Charakters.
		Häufig verläuft die Kopflinie bei diesem Persönlichkeitstyp nach unten.	Auch hier symbolisiert der Verlauf der Handlinie die Fantasie und den Ideenreichtum des Schöpfers. Zudem beweist es, dass der Archetyp in der Lage ist, seine Visionen in die Realität umzusetzen.

Die **Lebensaufgabe** eines Schöpfers ist ganz klar das Erschaffen des Neuen. Niemand kann so gut wie er die bestehenden Grenzen durch innovative und kreative Neuerscheinungen überwinden. Sein Einfallsreichtum und seine geistige Kreativität, die nur durch seine Loslösung von alten Normen, Provokationen und Risikobereitschaft freigesetzt werden können, sucht seinesgleichen. Die Krux des Schöpfers liegt jedoch in der Umsetzung seiner Visionen. Hier ist intensives Nachdenken gefragt: Ist die Idee wirklich realistisch oder ist sie vielleicht doch zu gewagt? Sind die Risiken der Umsetzung es wert? Bevor der Schöpfer sich selbst verausgabt, indem er krampfhaft versucht, eine seiner Ideen zu realisieren, sollte er sich immer vorher genaustens fragen, ob die Vision nicht zum Scheitern verurteilt ist. So kann er sicherstellen, dass er seine wertvolle und einzigartige Energie auch wirklich nur in erfolgversprechenden Projekten zum Einsatz bringt.

Nachwort

Möglicherweise waren Sie am Anfang des Buches noch ein wenig skeptisch und haben sich gefragt, wie die Hand bloß in der Lage sein soll, Informationen über den Charakter des Trägers geben zu können. Durch die zahlreichen Übungen konnten Sie Zweifel beiseiteschieben, sich hoffentlich selbst näher kommen und erkennen, wie eng die Physiognomie der Hand mit Ihrer Persönlichkeit verknüpft ist.

Welche Erkenntnisse konnten Sie bezüglich Ihres Innenlebens ziehen? Welche Beobachtungen an Ihren Händen, ob sie deren Form, Linien oder Zonen betrafen, haben Sie am meisten überrascht? Welche Charakterzüge, die aufgrund der Handanalyse zum Vorschein kamen, haben Sie am meisten fasziniert? Mit der Chirologie bekommen Sie ein Werkzeug an die Hand – im wahrsten Sinne des Wortes –, um sich selbst besser kennenzulernen. Manchmal sind wir blind für unsere eigenen Macken und Fehler, aber leider auch für unsere Talente und unsere Schönheit. Es wird Zeit, dass Sie das gesamte Spektrum Ihrer Persönlichkeit erfahren und genau wissen, wer Sie sind. Wenn Sie erkennen, wo Ihre Stärken liegen und welche Begabungen in Ihnen stecken, so sind Sie Ihrem Traumleben ein großes Stück näher gekommen. Genauso verhält es sich mit Ihren Charakterzügen: Erst, wenn Sie all Ihre Facetten annehmen, können Sie Ihre Stärken aktivieren und Ihre Schwächen neutralisieren. Damit öffnet sich für Sie das Tor zur Erfüllung all Ihrer Wünsche. Die Handlesekunst macht deutlich, wie sehr das Leben in unseren eigenen Händen liegt – wortwörtlich. Manche Veranlagungen sind vorgegeben, manche Talente sind angeboren, doch was wir letztendlich aus den gewonnenen Erkenntnissen machen, ist uns allein überlassen. Machen auch Sie Gebrauch von den vorgestellten Techniken und lernen Sie sich kennen. Greifen Sie zu: Die Offenbarung Ihrer Persönlichkeit ist nur ein Handgriff entfernt.